INKEN HAGESTEDT · DR. STEPHANIE FREUNDNER-HAGESTEDT

Vielfältig genießen bei Zöliakie

Lern-Kochbuch für die kreative glutenfreie Küche

schlütersche

4 **VORWORT**

7 **DAS LEBEN MIT ZÖLIAKIE**
8 Was ist Zöliakie?
13 Was bedeutet es, glutenfrei zu leben?
14 Glutenfreies Einkaufen
16 Sicheres Arbeiten in der Küche
23 Wie Sie mit diesem Buch arbeiten

31 **REZEPTTEIL**
32 **Eintöpfe und Aufläufe**
32 Die besten Tipps für die Küche
33 Rezepte
45 **Internationale und regionale Küche**
45 Die besten Tipps für die Küche
46 Rezepte
62 **Gemüse als Beilage und Hauptgericht**
62 Die besten Tipps für die Küche
64 Rezepte
72 **Fleisch- und Geflügelgerichte**
72 Die besten Tipps für die Küche
74 Rezepte
88 **Fischgerichte**
88 Die besten Tipps für die Küche
89 Rezepte

96   **Beilagen**
96   Die besten Tipps für die Küche
97   Rezepte
106 **Soßen und Dips**
106 Die besten Tipps für die Küche
107 Rezepte
118 **Salate**
118 Die besten Tipps für die Küche
119 Rezepte
132 **Desserts**
132 Die besten Tipps für die Küche
133 Rezepte
142 **Kuchen und Kleingebäck**
142 Die besten Tipps für die Küche
147 Rezepte
198 **Brötchen und Brote**
198 Die besten Tipps für die Küche
201 Rezepte
217 **Wenn Gäste kommen**
217 Die besten Tipps für die Küche
218 Rezepte

232 **ANHANG**
232 **Wichtige Adressen**
232 **Bezugsquellen glutenfreier**
     Lebensmittel
234 **Rezeptregister**
238 **Zutatenregister**

VORWORT

Liebe Leserin, lieber Leser,

dieses Buch soll mehr als nur ein Kochbuch für glutenfreie Gerichte sein. Wir möchten Ihnen darüber hinaus viele praktische Tipps für Ihre Arbeit in der glutenfreien Küche vermitteln. Mit diesen gelingt es Ihnen, nicht nur schmackhaft zu kochen und zu backen, sondern auch kreativ in der Küche zu werden.

Essen ist viel mehr als einfach nur Nahrungsaufnahme: Gutes, schmackhaftes Essen ist etwas Sinnliches. Es macht zufrieden und fördert die Lebensqualität. Essen mit der Familie und mit Freunden ist für soziale Kontakte von großer Bedeutung. Auf all dies braucht man als Zöliakiebetroffener nicht zu verzichten. Man muss nur lernen umzudenken, aktiv und kreativ zu werden.

Zugegeben, das lässt sich einfacher sagen als in die Tat umsetzen. Wie viele Zöliakiebetroffene haben auch wir die Diagnose nach einer Phase des Leidens, der Ungewissheit und Sorge zunächst als Erleichterung empfunden. Doch auch nach einer guten Ernährungsberatung bleiben viele Fragen offen. Nicht leicht ist die Situation auch für Eltern von Kindern mit Zöliakie. Sie möchten alles richtig machen, damit es ihrem Kind gut geht und es sich normal entwickeln kann, wissen nur oft nicht, wie sie das schaffen sollen. Aber auch bereits in der Küche erfahrene Zöliakiebetroffene stoßen immer wieder auf Fragen. Deshalb wendet sich dieses Buch sowohl an Anfänger der glutenfreien Küche und Kochanfänger überhaupt als auch an geübte Köche.

Wir sehen im Einhalten der Diät mittlerweile auch eine Chance: Wenn man sich ohnehin Gedanken darüber machen muss, was man isst, dann kann man sich auch überlegen, wie man gesund isst. Bewusst kochen und essen lautet die Devise der Promiköche. Genau das ist ab jetzt auch Ihr Motto.

Als Neuling kaufen Sie höchstwahrscheinlich zunächst fertige, glutenfreie Produkte. Bleiben Sie aber nicht bei den Erstbesten, denn die Auswahl ist inzwischen groß und Sie könnten etwas finden, das Ihnen deutlich besser schmeckt. Im nächsten Schritt informieren Sie sich, welche Produkte Sie aus dem normalen Angebot im Supermarkt essen können. Es sind viel mehr als Sie denken. Dann üben Sie das glutenfreie Kochen und Backen und informieren sich über gesunde Ernährung. Sie werden sehen, nach und nach wird Ihre Ernährung immer gesünder. Das Ganze hat einen weiteren großen Vorteil: Sie können Ihr Essen genauso zubereiten, wie es Ihnen persönlich schmeckt.

Unser Ziel beim Zusammenstellen der Rezepte und Ratschläge war es, dass diese wirklich funktionieren und dass die Gerichte fast genauso, zumindest aber genauso gut wie aus der herkömmlichen Küche schmecken. Außerdem haben wir darauf geachtet, möglichst fettarm zu kochen und zu backen. Das hilft Ihnen dabei, Ihr Gewicht zu kontrollieren, denn überflüssige Pfunde sind auch ein Thema für Zöliakiebetroffene. Außerdem geben wir Ihnen Tipps, wie Sie Rezepte selbst verändern und kreativ werden können. Wenn Sie nach einiger Zeit unser Buch aus der Hand legen oder nur noch selten hineinschauen, weil Sie sich (wieder) wohl in Ihrer Küche fühlen, dann haben wir dieses Ziel erreicht.

Inken Hagestedt

Wir haben viel ausprobiert und große Sorgfalt darauf verwendet, alle Arbeitsschritte so aufzuschreiben, dass Ihnen die Zubereitung auf Anhieb gelingt. Sollten Sie trotzdem auf Schwierigkeiten stoßen oder Anregungen haben, lassen Sie es uns wissen.

Wir wünschen Ihnen viel Erfolg und Kreativität in der Küche sowie Genuss beim Essen allein oder in geselliger Runde.

Die Autorinnen

Dr. Stephanie
Freundner-Hagestedt

DAS LEBEN MIT ZÖLIAKIE

Zöliakie, auch einheimische Sprue genannt, ist eine entzündliche Darmerkrankung. Ausgelöst wird sie durch eine Unverträglichkeit von Gluten. Das ist ein spezielles Eiweiß, das in europäischen Getreidesorten wie Weizen, Dinkel, Roggen und Gerste vorkommt.

Was ist Zöliakie?

!

Bei Zöliakie wird die Schleimhaut des Dünndarms angegriffen – es kommt zu Verdauungsstörungen und Verringerung der Aufnahme der Nahrungsbausteine.

Zöliakie ist eine Autoimmunerkrankung. Bei einer solchen Erkrankung richtet sich das Immunsystem, das den Körper vor äußeren Schädigungen wie Krankheitserregern, Giften oder anderen fremden Stoffen schützen soll, gegen Zellen des eigenen Körpers. Das führt zu massiven Schädigungen. Schätzungen gehen davon aus, dass etwa ein Prozent der Bevölkerung weltweit von Zöliakie betroffen ist – allerdings wissen es viele der Betroffenen nicht.

!

Im Erwachsenenalter kommt es häufig zu Verläufen, die nur schwache oder gar keine Symptome verursachen und aus diesem Grund übersehen werden.

Bei Kindern, vor allem Kleinkindern, gibt es typische Symptome, die auf eine Zöliakie schließen lassen. Hierzu gehören Bauchschmerzen, Blähungen, Durchfälle, Erbrechen, aber auch Verstopfung, verzögerte Entwicklung, geringes Körpergewicht und Weinerlichkeit. Bei der Bestimmung der Blutwerte zeigen sich oft Zeichen einer Mangelernährung, obwohl das Kind von den Eltern gut ernährt wird. Bei Erwachsenen können diese Symptome ebenfalls auftreten, allerdings treten auch solche auf, die auf den ersten Blick nicht zu einer Darmerkrankung passen: Müdigkeit, Gelenkbeschwerden, Osteoporose, Krämpfe, Taubheitsgefühl in Händen und Füßen, Unfruchtbarkeit, Hautschäden oder Blutarmut. Sogar neurologische Erkrankungen wie Epilepsie, Demenz oder Schizophrenie können Folgen einer Zöliakie sein. Dann ist es für den Arzt schwierig, eine Zöliakie als Ursache für die Beschwerden zu erkennen. Dies kann zu einem langen, beschwerlichen und frustrierenden Weg des Patienten von einem Arzt zum nächsten fuhren, bis endlich eine Zoliakie diagnostiziert wird. Lange Zeit gab es keine einfachen Diagnoseverfahren für diese Erkrankung und man war in der Fachwelt der Ansicht, dass Zöliakie nur im Kindesalter ausbrechen könne. Die vielen neuen Forschungsergebnisse sind noch nicht überall bekannt, sodass nicht selten eine Zöliakie bei erwachsenen Patienten übersehen wird.

Die Nahrung, die wir zu uns nehmen, muss erst aufgearbeitet werden, bevor ihre wertvollen Bausteine aus dem Darm aufgenommen werden. Die Aufnahme findet über die Darmwand in die Gewebe des Körpers hinein statt. Im ersten Schritt wird die Nahrung im Mund mechanisch durch das Kauen zerkleinert und angefeuchtet. Im zweiten Schritt wird sie chemisch durch spezielle Proteine zerlegt. Diese Proteine werden in der Mundhöhle, dem Magen, der Bauchspeicheldrüse und dem Darm gebildet. Man nennt sie Verdauungsenzyme. Fast alle Eiweiße, die sich in der Nahrung befinden, werden durch Verdauungsenzyme nach und nach in ihre Bausteine zerlegt.

Der Getreidebestandteil Gluten ist ein Eiweiß mit einer ganz besonderen Struktur. Ein Teil des Glutens, man nennt es Gliadin, kann von den Verdauungsenzymen nur in größere Bruchstücke gespalten, aber nicht weiter zerlegt werden. Bei gesunden Menschen bleiben diese Bruchstücke im Darm und werden einfach mit dem Stuhl ausgeschieden. Bei Zöliakiebetroffenen lösen diese Bruchstücke jedoch eine heftige Antwort des Immunsystems aus, geradeso als wäre Gliadin ein gefährlicher Krankheitserreger, der mit allen Mitteln unschädlich gemacht werden muss. Noch sind nicht alle Details dieser sehr komplexen Vorgänge erforscht. Man weiß aber, dass als Folge dieser Immunantwort die Schleimhaut des Dünndarms angegriffen und stark geschädigt wird. Das hat im Wesentlichen zwei Folgen: Die Verdauungsenzyme fehlen, die von der Dünndarmschleimhaut gebildet werden; die Nahrung kann deshalb nicht mehr vollständig in ihre Bausteine zerlegt werden. Außerdem ist der Transport von Nahrungsbausteinen über die geschädigte Dünndarmschleimhaut stark eingeschränkt.

!

Der Mangel an Verdauungsenzymen kann zusätzlich eine Laktoseintoleranz verursachen.

Der Zöliakiebetroffene isst manchmal sogar mehr als Nichtbetroffene, kann die Nahrung aber oft nicht vollständig verwerten. Deshalb ist er häufig unzureichend ernährt. Aufgrund einer solchen Mangelernährung können zum Beispiel Blutarmut oder Ei-

!

Man findet das ganze Spektrum der Symptome von gar keinen Beschwerden bis hin zur Entgleisung des Stoffwechsels.

weißmangel entstehen. Außerdem befinden sich im Darm der Betroffenen größere Mengen von Nahrungsbruchstücken, das heißt unvollständig zerlegte Nahrung. Diese Bruchstücke können zu Blähungen führen oder auch Flüssigkeitsansammlungen im Darm verursachen. Der Körper reagiert zum Beispiel mit Bauchschmerzen, Übelkeit, Erbrechen und Durchfall. Die Beschwerden sind davon abhängig, wie heftig das Immunsystem des Einzelnen auf Gluten reagiert und wie lange die Erkrankung schon vorliegt.

Bei Betroffenen entstehen im Verlauf der Immunantwort Antikörper gegen die sogenannten Transglutaminasen und gegen Endomysium. Diese Antikörper lassen sich leicht im Blut nachweisen. Die Menge dieser besonderen Antikörper lassen im Vergleich zur Menge anderer Antikörper eine relativ gesicherte Aussage zu, ob eine Zöliakie vorliegt oder nicht. Um die Diagnose abzusichern, wird bei einer Darmspiegelung und Biopsie Dünndarmgewebe entnommen und untersucht. Wenn die für eine Zöliakie typischen Schäden der Dünndarmschleimhaut festgestellt werden, gilt die Diagnose als gesichert.

Die Veranlagung, an einer Zöliakie zu erkranken, wird vererbt und tritt oft gehäuft in Familien auf. Lassen Sie sich deshalb bei Verdacht von einem Arzt beraten, der sich gut mit dieser Krankheit auskennt. Auf jeden Fall sollte man bei einer unklaren Erkrankung eines Familienangehörigen darauf hinweisen, dass es sich um eine Zöliakie handeln könnte. Ob und wann die Krankheit bei vorhandener Veranlagung ausbricht, wird von mehreren Faktoren beeinflusst, diese sind allerdings noch nicht im Einzelnen bekannt.

!

Familienangehörige eines Betroffenen sollten sich nach ärztlicher Rücksprache auf Zöliakie testen lassen.

Zöliakie ist eine chronische Erkrankung und begleitet die Betroffenen für ihr weiteres Leben. Berichte, nach denen Betroffene nach einiger Zeit unter glutenfreier Diät geheilt waren, lassen sich nicht eindeutig belegen. Medikamente gegen diese Erkrankung gibt es noch nicht, es wird aber intensiv daran gearbeitet.

Genießen Sie leckere glutenfreie Gerichte.

!

Leider ist Zöliakie im Moment (noch) nicht heilbar.

Die einzige Möglichkeit, die Symptome und Folgen dieser Erkrankung zu bekämpfen, ist einfach und schwierig zugleich: Der Auslöser Gluten in der Nahrung muss konsequent gemieden werden. So einleuchtend diese Schlussfolgerung ist, so schwierig ist es in der Praxis, das Gluten aus der Nahrung zu verbannen. Denn wir leben in einer Gesellschaft, deren Nahrung von Getreide, vor allem von Weizen, geprägt ist und in der viele verarbeitete Lebensmittel verzehrt werden. Gluten hat Eigenschaften, die bei der Weiterverarbeitung von Lebensmitteln unentbehrlich scheinen, und findet sich deshalb in vielen industriell weiterverarbeiteten Nahrungsmitteln.

Unter der Diät erholen sich Zöliakiebetroffene oft erstaunlich schnell. Es kann allerdings einige Zeit dauern, bis alle Blutwerte wieder im Normalbereich liegen, wenn zum Zeitpunkt der Diagnose bereits starke Mangelerscheinungen bestanden. Diese körperliche Erholung gefährdet man, wenn man wieder glutenhaltige Nahrung isst. Jeder Betroffene reagiert anders auf solche Diätfehler. Bei vielen treten praktisch danach keine Symptome auf. Dies verleitet leider zu dem falschen Schluss, dass die Erkrankung geheilt oder die ganze Sache gar nicht so schlimm ist. Manchmal dauert es längere Zeit, bis wieder Beschwerden auftreten. Betroffene, die zum Zeitpunkt der Diagnose nur schwache oder keine Symptome hatten, sind oft der Ansicht, dass sie sich sowieso nicht so streng an die Diät halten müssen. Dies kann sich unter Umständen als großer Fehler herausstellen, denn auch wenn man keine Beschwerden hat, kann die Dünndarmschleimhaut entzündet sein. Chronische Entzündungen steigern ganz allgemein das Risiko, an Krebs zu erkranken. Deshalb sollte man ganz konsequent die glutenfreie Diät einhalten, denn das ist die beste Garantie für ein langes, weitgehend beschwerdefreies Leben.

!

Es ist erwiesen, dass eine unbehandelte Zöliakie und häufige Diätfehler das Risiko für bestimmte Krebsarten deutlich erhöhen.

Was bedeutet es, glutenfrei zu leben?

Schon das Wort Diät hört sich nach Verzicht und Krankheit an. Deshalb sagen wir lieber, dass wir uns anders als gewohnt ernähren, nämlich glutenfrei. Denn Sie müssen, wenn Sie sich erst einmal an die glutenfreie Ernährung gewöhnt haben, auf fast nichts verzichten. Beim Einkaufen müssen Sie überlegen und sich über die Inhaltsstoffe informieren. Im Restaurant müssen Sie mit dem Kellner oder dem Koch sprechen, was Sie essen können. Für ein Picknick, die Grillparty und den Besuch bei Freunden und Verwandten müssen Sie sich meist etwas mitbringen. Auch Ausflüge, Klassenfahrten, Dienstreisen und Urlaub wollen gut vorbereitet sein. Das mag manchen abschrecken. Unser Tipp: Lernen Sie die Grundlagen der glutenfreien Küche kennen und werden Sie kreativ in allen Lebenslagen. Neue Herausforderungen wollen gemeistert werden. Sollte dies nicht auf Anhieb gelingen, dann lassen Sie Ihre Erfahrungen in die nächsten Planungen einfließen. Sie werden bald Erfolg mit Ihren Vorbereitungen haben. Das lässt Sie selbstbewusster werden. Außerdem werden Sie das, was Sie unternehmen, bewusster genießen als früher. Das erhöht die Lebensqualität.

> **!**
>
> Die „Einschränkung" liegt vor allem darin, dass Sie nicht mehr so spontan wie andere sein können.

Nach der Diagnose und der ersten Beratung steht man meist ein wenig hilflos in seiner Küche. Man schaut sich um und fragt sich, womit man denn bloß anfangen soll. Noch komplizierter wird es für diejenigen mit einer zusätzlichen Laktoseintoleranz. Unser Rat ist: Das Wichtigste zuerst und alles in ganz kleinen Schritten. Als Erstes müssen Sie lernen, was Sie essen dürfen und was nicht, und natürlich, wo Sie einkaufen können. Als Zweites müssen Sie in Ihrer Küche einiges verändern und sich eine andere Arbeitsweise bei der Zubereitung des Essens angewöhnen. Als Drittes sollten Sie glutenfrei kochen und backen lernen.

> **!**
>
> Sie müssen sich darüber im Klaren sein, dass Sie viel Neues lernen müssen. Das geht nicht von heute auf morgen.

Glutenfreies Einkaufen

!

Sie dürfen keine Lebensmittel essen oder trinken, die Weizen, Dinkel, Roggen, Gerste, Hafer, Grünkern, Einkorn, Urkorn, Emmer, Kamut, Triticale und Tempuramehl enthalten.

Die erste und gleichzeitig die wichtigste Frage, die Zöliakiebetroffene haben, ist: Was darf ich überhaupt noch essen? Die Antwort darauf ist nicht so einfach. Grundsätzlich gilt, dass Sie Obst, Gemüse, Blattsalate, naturbelassene Milchprodukte, Eier, ungewürztes und unpaniertes Fleisch und Geflügel, naturbelassenen Fisch, Hülsenfrüchte, reine Öle, Butter, Margarine und Schmalz, Marmeladen und Honig, reinen Zucker, Salz, reine Kräuter und reine Gewürze wie Pfeffer aus der Pfeffermühle essen dürfen. Erlaubte Getränke sind reiner Kaffee und Tees ohne Aroma- und Vitaminzusatz, Mineralwasser und reine Fruchtsäfte (ohne Zusatz von Getreide), Wein und Sekt.

Sie dürfen z. B. Mais, Reis, Hirse und Buchweizen essen.

Wenn die Lebensmittel weiterverarbeitet sind, besteht die Gefahr, dass sie Gluten enthalten. Deshalb informieren Sie sich unbedingt über die Zutaten. Bei loser Ware fragen Sie den Verkäufer. Prüfen Sie kritisch, ob er sich wirklich auskennt. Auf abgepackten Lebensmitteln muss, mit Ausnahme von Kleinstverpackungen, eine Zutatenliste auf der Verpackung aufgedruckt sein. Da Gluten unter die Allergenkennzeichnungspflicht fällt, muss es deklariert sein, wenn es in dem Produkt enthalten ist. Häufig wird nicht Gluten geschrieben, sondern der Name des Getreides angegeben, aus dem die Zutat hergestellt wurde.

Auch Laktose muss nach der Allergenkennzeichnungspflicht deklariert werden. Informieren Sie sich gut über die Kennzeichnungspflicht und die in den Zutatenlisten verwendeten Begriffe. Beim aid (Infodienst Ernährung, Landwirtschaft, Verbraucherschutz) können Sie viele Broschüren kostenlos oder für wenig Geld erhalten, die Ihnen das Verstehen der Zutatenlisten erleichtern. Deutlich sicherer ist es, wenn Sie mit der Aufstellung glutenfreier Lebensmittel der Deutschen Zöliakie-Gesellschaft (DZG) einkaufen gehen.

Die Aufschrift „Kann Spuren von Gluten enthalten" führt immer wieder zur Verunsicherung, wenn das Produkt anhand der aufgedruckten Zutatenliste oder der Lebensmittelaufstellung der DZG eigentlich glutenfrei sein müsste. Der Hersteller weist mit dieser Aufschrift darauf hin, dass die Möglichkeit besteht, dass das Produkt bei der Herstellung mit Gluten verunreinigt worden sein könnte. Die Aufschrift sagt aber nichts über eine tatsächliche Verunreinigung aus. Allerdings kann auch in Produkten, bei denen diese Aufschrift fehlt, eine Verunreinigung vorhanden sein. Hier müssen Sie leider in jedem Fall selbst entscheiden, ob Sie das Risiko einer eventuell vorhandenen Verunreinigung in Kauf nehmen und das Produkt essen wollen.

Sie werden bald feststellen, dass Sie viele Lebensmittel aus dem ganz normalen Sortiment eines Supermarkts essen dürfen.

!

Bei einer zusätzlich bestehenden Laktoseintoleranz dürfen Sie auch keine Produkte zu sich nehmen, die Milchzucker (Laktose) enthalten.

!

Essen dürfen Sie folgende stärkehaltige Lebensmittel: Kartoffeln, Reis, Hirse, Amaranth, Buchweizen, Quinoa, Mais, Kastanien, Soja, Tapioka und Sago aus Maniok.

Reformhäuser, aber auch viele Super- und einige Drogeriemärkte bieten spezielle glutenfreie Lebensmittel an. In einigen Supermärkten gibt es sogar glutenfreie Tiefkühlprodukte. In vielen Bioläden finden Sie ebenfalls spezielle glutenfreie Bioprodukte. Bei Bioprodukten müssen Sie sich genauso wie bei konventionell produzierten Lebensmitteln vergewissern, ob sie glutenfrei sind.

Bei Mehlen sollten Sie auf Produkte zurückgreifen, die besonders für den Verzehr im Rahmen einer glutenfreien Diät gekennzeichnet sind. Denn bei Mehlen ist die Gefahr einer Verunreinigung bei der Produktion und dem Abfüllen besonders groß. Es gibt viele verschiedene glutenfreie Mehle von diversen Herstellern. Eine große Auswahl von Mehlen und anderen glutenfreien Produkten finden Sie bei Internetversendern.

Sicheres Arbeiten in der Küche

Zöliakiebetroffene reagieren unterschiedlich empfindlich auf Gluten. Auch wenn kleinere Mengen Gluten bei unempfindlicheren Betroffenen nicht unbedingt zu Beschwerden führen, kann trotzdem im Darm wieder eine Entzündung entstehen. Deshalb sollten Sie unbedingt jede Verunreinigung Ihres Essens mit Gluten vermeiden. Das hört sich schwieriger an, als es in der Praxis ist. Es erfordert zwar ein Umdenken, vor allem wenn im selben Haushalt glutenhaltige und glutenfreie Lebensmittel gegessen werden. Aber bald werden Sie sich daran gewöhnt haben. Überlegen Sie sich mithilfe unserer Tipps ganz in Ruhe ein System, wie Sie die Trennung von glutenhaltiger und glutenfreier Nahrung in Ihrem Alltag durchführen können. Stellen Sie feste Regeln auf und informieren Sie Ihre Familie oder Mitbewohner darüber. Vielleicht schreiben Sie die Regeln auf und hängen das Blatt gut sichtbar in die Küche. So kann jeder schnell nachlesen, wie etwas zu tun ist. Denn am Anfang kann man nicht gleich alles behalten. Sie sollten jedoch nicht dazu übergehen, aus Angst vor einer Verunreinigung alles in der Küche allein zu erledigen. An der Küchenarbeit sollten sich wie sonst auch alle Haushaltsmitglieder beteiligen. Jeder in der Familie oder in der Gemeinschaft muss lernen, rücksichtsvoll zu sein und Verantwortung zu übernehmen. Sie selbst müssen den anderen vertrauen, dass sie die Mahlzeiten glutenfrei zubereiten und sorgfältig in der Küche arbeiten. Sie werden sehen, dass es bis auf ganz wenige Ausnahmen gut funktionieren wird.

Ändern Sie die Regeln in der Küche nur, um die Arbeit zu verbessern oder zu erleichtern. Denken Sie daran, die anderen Familienmitglieder oder Mitbewohner darüber zu informieren. Ansonsten halten Sie die aufgestellten Regeln strikt ein – dann passieren kaum Fehler. Informieren Sie auch Besucher über Ihre Regeln in der Küche oder bei Tisch. Sie werden feststellen, dass es Ihrem Besuch deutlich lieber ist, diese Regeln genau zu kennen und zu befolgen, als ständig Angst zu haben, Fehler zu machen und Ihnen dadurch möglicherweise zu schaden.

!

Vermeiden Sie jede Verunreinigung: So sollten Sie etwa den Löffel, mit dem Sie normale Nudeln beim Kochen umgerührt haben, nicht zum Umrühren glutenfreier Nudeln benutzen.

Benutzen Sie keine Brettchen und Küchengeräte aus Holz, die mit glutenhaltigen Lebensmitteln in Berührung gekommen sind.

Wichtige Tipps für das Arbeiten in der Küche

1.   Lagern Sie glutenfreie Lebensmittel getrennt von glutenhalti-
gen Lebensmitteln. Am besten räumen Sie einen Schrank in der
Küche komplett aus, säubern ihn gründlich mit einem sauberen
Lappen und warmer Seifenlauge. Hier dürfen dann nur glutenfreie
Lebensmittel lagern.

2.   Reinigen Sie einen Teil der Arbeitsfläche ebenfalls mit einem
sauberen Lappen und warmer Seifenlauge. Hier dürfen nur noch
glutenfreie Lebensmittel abgelegt und verarbeitet werden.

3.   Reinigen Sie Ihre Hände gründlich, bevor Sie glutenfreie
Lebensmittel anfassen. Das ist ein wenig lästig, aber sonst können
Sie glutenfreie Lebensmittel schnell mit glutenhaltigen Krümeln
oder glutenhaltigem Mehlstaub verunreinigen.

4.   Spülen Sie möglichst alles in der Spülmaschine. Ansonsten
spülen Sie von Hand mit frischem, warmem Wasser mit Spülmittel
und einem sauberen Spültuch oder Schwamm. Lassen Sie noch
einmal frisches, warmes Wasser über das Gespülte laufen.
Benutzen Sie zum Abtrocknen saubere Geschirrtücher.

5.   Benutzen Sie zum Abwischen der Arbeitsflächen oder Sets
getrennte Lappen und zum Abtrocknen nach dem Händewaschen
unterschiedliche Handtücher. Wenn Sie sich dafür zwei Sorten oder
Farben anschaffen, dann verwechseln Sie diese nicht so leicht.
Sollte es doch einmal passieren, nehmen Sie frisch gewaschene
Lappen oder Handtücher und legen die verunreinigten zur
Schmutzwäsche. Sie sollten Lappen, Geschirr- und Handtücher
häufig wechseln.

6.   Schaffen Sie sich einen neuen Toaster an, in dem ausschließlich
glutenfreies Brot getoastet wird, denn einen Toaster kann man
nicht vollständig reinigen. Wenn Sie unterwegs sind und getoaste-
tes Brot essen möchten, nehmen Sie sogenannte Toastbags mit.
Das sind Taschen, in die Sie Ihr Brot hineinlegen und dann in einem

normalen Toaster toasten. Die Tasche schützt Ihr Brot vor Verunreinigung.

7. Legen Sie sich einen neuen, separaten Brotkorb zu. Schneiden Sie glutenfreies Brot nicht mit einer Maschine, mit der glutenhaltiges Brot geschnitten wurde. Verwenden Sie zum Schneiden lieber ein gutes Messer und ein Glasbrettchen.

8. Am besten benutzen Sie zum Umrühren in Töpfen, zum Wenden in der Pfanne und zum Vorlegen auf die Teller Plastikbesteck in zwei Farben. Dann fällt Ihnen gleich auf, wenn Sie es einmal verwechseln. Nehmen Sie frisches Besteck, wenn eine Verwechselung stattgefunden hat und mit dem Besteck für glutenfreies Essen glutenhaltiges aufgelegt wurde.

9. Bei Tisch sollten alle Buttermesser, Marmeladenlöffel und Aufschnittgabeln benutzen. Damit sollten die Butter, die Marmelade, der Käse oder der Aufschnitt erst auf den Rand des eigenen Tellers gelegt werden, ehe das Brot damit bestrichen oder ▶▶

Am besten benutzen Sie beim Kochen und Vorlegen Plastikbesteck in zwei Farben.

belegt wird. So bleiben bei Tisch die Butter, das Marmeladenglas, der Aufschnittteller und das Käsebrett frei von glutenhaltigen Krümeln.

10.   Beim Kochen und Backen bereiten Sie möglichst zuerst die glutenfreien Gerichte und dann die glutenhaltigen zu. Dadurch verringern Sie die Gefahr einer Verunreinigung der glutenfreien Gerichte. Wenn Sie glutenfreies und glutenhaltiges Gebäck gleichzeitig im Backofen zubereiten wollen, schieben Sie oben das glutenfreie Gebäck und unten das glutenhaltige hinein. Dann können keine glutenhaltigen Krümel auf das glutenfreie Gebäck fallen.

11.   Benutzen Sie keine Küchengeräte aus Holz, die vorher mit Gluten in Berührung gekommen sind. Benutzen Sie lieber Glasbrettchen und Plastiklöffel, die sich vollständig reinigen lassen.

12.   Spülen Sie nach und nach alle Küchenutensilien wie Vorratsdosen, Butterbrotdosen, Trinkflaschen usw. in der Spülmaschine oder gut von Hand. Dann können Sie diese benutzen, wenn Sie sie brauchen.

13.   Backformen, Roste, Bleche usw. müssen gründlich gespült werden, sodass keine Gebäckreste mehr daran haften. Prüfen Sie genau, ob nicht noch Krümel in den Ritzen der Backformen sitzen. Wenn Ihnen die Reinigung nicht vollständig gelingt, müssen Sie die Backformen mit Backpapier auslegen oder sich neue anschaffen.

14.   Wenn Sie Ihr Getreide selbst mahlen wollen, verwenden Sie eine Getreidemühle, in der vorher nie glutenhaltiges Getreide gemahlen wurde. Die Gefahr von Verunreinigung durch die darin noch vorhandenen Reste glutenhaltigen Mehls ist sonst zu groß. Die glutenhaltigen Mehlreste lassen sich nicht vollständig aus der Mühle entfernen und gefährden Ihre Gesundheit. Überprüfen Sie, ob sich Ihr Brotbackautomat wirklich vollständig reinigen lässt. Sonst kaufen Sie sich lieber einen neuen oder backen ohne Automat.

Sie werden sehen, dass diese Tipps bald für Sie selbstverständlich geworden sind und das Arbeiten in der Küche wieder einfach wird. Wir möchten Ihnen aber noch etwas ans Herz legen. Wir wissen, dass eine glutenfreie Ernährung teuer ist. Trotzdem sollten Sie versuchen, dass alle im Haushalt das Gleiche essen, mit Ausnahme von Brot, Brötchen und Nudeln. Das hat mehrere Vorteile: Es bedeutet deutlich weniger Arbeit beim Kochen und Backen. Die Gefahr einer Verunreinigung ist viel geringer. Das Wichtigste ist aber, dass der Betroffene nicht auch noch in seiner engsten Umgebung immer der Außenseiter ist. Das ist er sonst überall. Aber zu Hause nicht überlegen zu müssen, was man essen

Mit Ausnahme von Brot, Brötchen und Nudeln können alle glutenfrei essen. Das bedeutet keine Einschränkung des Genusses.

!

Wenn Sie in der Küche generell Anfänger sind, dann kaufen Sie sich Löffelmaße. Die helfen Ihnen, einen Esslöffel, Teelöffel usw. genau abzumessen.

darf, sondern einfach alles, was auf dem Tisch steht, nehmen zu können, ist eine große Erleichterung. Wenn Sie es sich leisten können, backen Sie nur noch glutenfreien Kuchen. Er schmeckt genauso wie normaler. Die meisten unserer Gäste haben uns nach dem Essen gefragt, warum wir denn diesen Kuchen überhaupt essen durften. Sie haben demnach nicht gemerkt, dass er anders war als früher.

Es gibt einige Küchenutensilien, die Ihnen das glutenfreie Kochen und Backen erleichtern. Auf jeden Fall brauchen Sie eine gute Küchenwaage, mit der Sie etwa auf ein Gramm genau wiegen können. Kaufen Sie Messbecher in verschiedenen Größen, um relativ genau auch kleinere Flüssigkeitsmengen abmessen zu können. In den Tipps zu den einzelnen Kapiteln nennen wir Ihnen weitere Utensilien.

Eine gute Küchenwaage unterstützt Sie beim Kochen und Backen.

Wie Sie mit diesem Buch arbeiten

Wir haben Ihnen zu jedem Kapitel Tipps zusammengestellt, die Ihnen bei der Zubereitung helfen sollen. Bitte lesen Sie sie gründlich, bevor Sie das erste Rezept aus dem entsprechenden Kapitel nacharbeiten. Lesen Sie das Rezept einmal durch, ehe Sie mit der Zubereitung beginnen.

Die Rezepte sind wie in einem klassischen Lern-Kochbuch geordnet. Manchmal sucht man ein spezielles Gericht, zum Beispiel eines, das Kindern gut schmeckt oder das man gut transportieren kann. Hinweise darauf geben Ihnen Symbole im Rezeptteil und im Register ab S. 234.

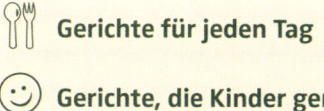 Gerichte für jeden Tag

Gerichte, die Kinder gerne essen

Besondere Gerichte

Gerichte, die sich gut mitnehmen lassen

Zur besseren Planung haben wir die Arbeitszeit und die Gesamtzeit angegeben. Die Arbeitszeit ist großzügig bemessen, deshalb kann es sein, dass Sie schneller fertig sind. In der Gesamtzeit sind auch Zeiten zum Backen, Gehenlassen oder Auskühlen enthalten. So können Sie berechnen, wann Sie mit der Zubereitung der Gerichte beginnen müssen, damit sie zu einer bestimmten Zeit fertig sind. Wenn bei den Zeitangaben Werte in Klammern stehen, geben diese an, wie lange Sie insgesamt brauchen, wenn Sie eine Zutat vorher zubereiten müssen, zum Beispiel die Löffelbiskuits für das Tiramisu. Geübte Köche können natürlich die Zubereitung verschiedener Gerichten ineinander schachteln.

Die meisten Rezepte können Sie auch laktosearm oder lakto-

!

Wählen Sie am Anfang Rezepte für Anfänger aus. Dann haben Sie gleich Erfolg.

sefrei zubereiten. Einen entsprechenden Hinweis finden Sie in jedem Rezept. Laktosearm heißt, dass Sie sogenannte laktosefreie Milchprodukte anstelle der normalen Milchprodukte verwenden. Diese enthalten jedoch immer noch geringe Mengen Laktose. Laktosefrei heißt, dass keine Milchprodukte in dem Rezept verwendet werden. Statt Butter müssen Sie bei einer Laktoseintoleranz Margarine ohne Milchanteil verwenden. Einen entsprechenden Hinweis finden Sie im Rezept. Laktosefreie Milchprodukte erhalten Sie in Reformhäusern und vielen Supermärkten. In Supermärkten stehen Sie entweder neben den normalen Milchprodukten oder in einer gesonderten Kühltheke.

Wir haben Zutaten verwendet, die Sie relativ einfach kaufen können. Hinweise dazu finden sich im Anhang. Die Angaben der Hersteller in unseren Rezepten dienen dazu, die Mehle eindeutig zu benennen. Denn glutenfreie Mehle haben sehr unterschiedliche Eigenschaften. Alle Hersteller bieten überwiegend Mehlmischungen an. Die Eigenschaften dieser Mischungen sind durchaus unterschiedlich und können deshalb nicht beliebig ausgetauscht werden, ohne die Rezepte leicht zu verändern. Wir haben mit den genannten Mehlen die besten Erfahrungen gemacht. Zuwendungen von Seiten der Hersteller erhalten wir nicht.

Obwohl es eine Vielzahl an Herstellern von Soßenbindern gibt, haben wir ausschließlich Mondamin-Soßenbinder verwendet, da dieser auf jeden Fall glutenfrei ist.

Häufig haben wir keine genaue, sondern nur eine kleinere und größere Menge angegeben. Diese sind als Richtwerte zu verstehen. Sie müssen selbst ausprobieren, wie es Ihnen am besten schmeckt. Wenn „evtl." vor einer Zutat steht, können Sie diese hinzugeben oder auch nicht. Manchmal stehen mehrere Alternativen untereinander. Dann sollen Sie sich die Zutaten heraussuchen, auf die Sie gerade Appetit haben oder die sich in Ihrer Küche befinden. Vielleicht haben Sie auch eine neue Idee und probieren eine ganz andere Zutat aus.

In vielen herkömmlichen Rezepten stehen die Mengenangaben „Messerspitze" und „Prise". Diese Angaben sind für Neulinge in der Küche kaum verständlich. Deshalb haben wir darauf verzichtet. So kleine Mengen genau zu definieren ist schwierig. Wir haben dann geschrieben „etwas" Salz, Pfeffer usw. Damit meinen wir ungefähr so viel, wie zwischen Daumen und Zeigefinger passt.

Wir haben uns bemüht, genau aufzuschreiben, wie wir etwas zubereiten. Denn das kann bei der glutenfreien Küche über Erfolg oder Misserfolg entscheiden. Halten Sie sich bei der ersten Zubereitung jedes Rezepts daher genau an die Anleitung. Leider haben die vielen glutenfreien Mehle und Mehlmischungen so unterschiedliche Eigenschaften, dass das Backen mit Ihrem Lieblingsmehl nach unserem Rezept vielleicht nicht gleich zu Ihrer vollen Zufriedenheit klappt. Geben Sie nicht auf. Lesen Sie die entsprechenden Tipps und versuchen Sie es mit einem etwas veränderten Rezept. Fast immer stellt sich dann der gewünschte Erfolg ein. Bei den Backrezepten haben wir angegeben, wie sich der Teig anfühlen, wie er aussehen oder welche anderen Eigenschaften er haben soll. Das soll Ihnen die weitere Verarbeitung erleichtern.

Bei Angaben für den Backofen berücksichtigen Sie bitte, dass jeder Backofen anders backt. Deshalb sehen Sie lieber einmal mehr und früher hinein, damit nichts anbrennt. Es kann auch sein, dass Sie ein Gericht etwas länger backen müssen.

Die Tipps zu den Rezepten geben Ihnen Auskunft, wie Sie das Gericht servieren können oder welche Variationsmöglichkeiten es noch gibt. Sie sollen Sie auch anregen, selbst kreativ zu werden und die Rezepte abzuwandeln. Vielleicht schmeckt Ihnen Ihre Kreation dann besser als unser Vorschlag.

Tipps für Küchenneulinge

Beginnen Sie mit den Rezepten für Anfänger. Lesen Sie die entsprechenden Tipps. Legen Sie sich alle Zutaten und Küchenutensilien zurecht, die Sie für die Zubereitung benötigen. So vermeiden Sie Hektik.

Als Neuling versteht man oft die Sprache der Rezepte nicht. Im Folgenden werden die häufigsten Begriffe erklärt und einige Tricks der Küchenprofis verraten.

Abkürzungen und Erklärungen:

P ist die Abkürzung für Päckchen, g für Gramm, ml für Milliliter, l für Liter, EL für Esslöffel (15 ml), TL für Teelöffel (5 ml).

Garen ist der allgemeine Ausdruck dafür, dass etwas durch und durch von Hitze durchdrungen wurde und dadurch seine Eigenschaften verändert. Meistens wird es dann weich. Wie testen Sie, ob etwas gar ist? Nudeln und Reis probieren Sie am besten. Diese müssen bissfest (noch ein klein wenig hart, aber gut zu kauen) bis weich sein. Kartoffeln und Gemüse sind gar, wenn Sie sie leicht mit einem scharfen Küchenmesser einschneiden/einstechen können.

Kochen heißt, dass man etwas mit Wasser bedeckt in einem Topf gart.

Beim **Dämpfen** hat man im Topf oder in der Pfanne nur so viel Wasser, dass sich im gut verschlossenen Gefäß Dampf bildet und mit diesem heißen Dampf gegart wird.

Beim **Braten** gart man in hitzebeständigem Fett. Es muss so viel Fett in der Pfanne sein, dass der Boden bedeckt ist. In den meisten Fällen wird das Fett erhitzt, bevor die Lebensmittel wie Zwiebeln, Speck, Fleisch oder Fisch hineingelegt werden. So erhalten diese eine schöne braune, knusprige Kruste. Wenn das Fett heiß wird,

wird es flüssiger. Schwenken Sie die Pfanne und beobachten das Fett. Wenn es schneller läuft, ist es heiß. Beachten Sie bitte, dass sich Fett leicht überhitzen kann. Deshalb ist es besser, die ersten Male das Bratgut etwas zu früh in die Pfanne zu legen als zu spät. Wenn Sie etwas in heißes Fett legen, spritzt es. Deshalb sollten Sie ein wenig Abstand halten. Während des Anbratens muss das Fett heiß bleiben. Sie müssen ausprobieren, wie weit Sie Ihre Herdplatten dafür herunterschalten müssen. Zu Beginn des Anbratens brennt es leicht an. Deshalb sollten Sie dann besonders aufpassen. Ist das zu Bratende von allen Seiten angebraten (das heißt braun), können Sie weiter mit geschlossenem Deckel bei wenig Hitzezufuhr garen. Fleischstücke lassen sich gut mit einer Gabel wenden. Ansonsten benutzen Sie einen Pfannenwender. Fleisch ist gar, wenn es sich leicht mit einer Gabel einstechen lässt. Durchgebratenes Fleisch ist innen nicht mehr rosa oder rot. Gehacktes ist gar, wenn es von allen Seiten braun angebraten ist. Bei Hackbällchen müssen Sie evtl. eines zerteilen und nachsehen. Garer Fisch ist meist undurchsichtig und weiß, Lachs undurchsichtig orange. *Achtung:* Wenn sich Fett entzündet, löschen Sie es auf keinen Fall mit Wasser. Es könnte zu einer kleinen Explosion kommen. Nehmen Sie die Pfanne vom Herd und ersticken Sie die Flammen mit einer feuerfesten Decke oder mit dem passenden Deckel.

Beim **Backen** gart man durch heiße Luft. Wenn man die Temperatur zu hoch wählt, wird die Oberfläche braun oder schwarz, ehe es innen gar ist. Deshalb lieber eine niedrigere Temperatur wählen und länger im Backofen stehen lassen. Wenn Sie etwas oben im Ofen backen, wird es schneller dunkler als unten. Im Umluftofen ist die Hitzeverteilung überall gleichmäßig. Jeder Ofen backt allerdings anders. Wenn der Kuchen oder Auflauf zu braun wird, hilft es, ihn mit Alufolie abzudecken. Dann kann man ihn noch länger im Ofen lassen, ohne dass er schwarz wird.

Wenn Sie etwas **Heißes abkühlen oder einfrieren** wollen, sollten Sie es erst auf Zimmertemperatur abkühlen lassen, ehe Sie es ▶▶

in den Gefrier- oder Kühlschrank stellen. Sonst bildet sich viel Kondenswasser in Ihrem Gefäß und in den Geräten.

Gerichte, die Milch, Stärke, Zucker oder Gehacktes enthalten, können leicht **anbrennen.** Diese müssen Sie beim Erhitzen gut beobachten und häufig rühren. Sollten Sie beim Rühren feststellen, dass etwas auf dem Boden angebrannt ist, kratzen Sie auf keinen Fall das Angebrannte ab. Rühren Sie intensiv, dass nicht noch mehr ansetzt. In den meisten Fällen schmeckt dann das Gericht noch normal. Den angebrannten Topf gut mit Wasser und Spülmittel einweichen und gründlich reinigen. Bleiben Reste des Angebrannten im Topf zurück, brennt es Ihnen beim nächsten Mal noch schneller an.

Tiefgefrorene Zutaten sollten Sie rechtzeitig **auftauen.** Legen Sie sie nach dem Auftauen in den Kühlschrank, wenn Sie nicht gleich mit der Zubereitung beginnen. Ist die Zeit zu knapp für das Auftauen, dann packen Sie das Gefrorene in einen Gefrierbeutel und verschließen diesen gut. Legen Sie den Beutel in eine Schüssel mit Leitungswasser. Wechseln Sie das Wasser einige Male. Wenn das Gefriergut dann in der Mitte noch ein klein wenig gefroren ist, verlängern Sie die Garzeit und halten die Gartemperatur niedrig, damit es außen nicht zu dunkel wird.

Eiweiß können Sie mit einem Mixer zu **Eischnee** schlagen. Dieser ist fest, wenn man die Rührschüssel umdrehen kann, ohne dass der Eischnee sich in der Schüssel bewegt. Aber bitte vorsichtig umdrehen, damit er nicht herausfließt, wenn er doch nicht fest genug war. Eischnee müssen Sie immer ganz vorsichtig in eine andere Masse einrühren. Dieses wird in den meisten Kochbüchern als „unterheben" bezeichnet.

Ein **Hefeteig** ist fertig gegangen, wenn er sein Volumen deutlich vergrößert hat und er beim vorsichtigen Draufdrücken mit dem Finger leicht nachgibt.

Für **Salzkartoffeln** schälen Sie die Kartoffeln, schneiden sie in kleine Stücke und kochen sie in Wasser mit etwa ½ TL Salz.

Für **Pellkartoffeln** waschen Sie die Kartoffeln und kochen sie ganz und mit Schale in Wasser. Wenn die Kartoffeln abgegossen und kalt geworden sind, können Sie die Schale abziehen (pellen). Für Pellkartoffeln sollten Sie möglichst Kartoffeln ähnlicher Größe kochen, damit sie alle gleichzeitig gar sind.

Was können Sie tun, um Ihr Essen noch zu retten, wenn Ihnen ein **Missgeschick** passiert ist? Schwarze Stellen am Kuchen oder Fleisch kratzen Sie großzügig mit einem scharfen Messer ab. Den Kuchen können Sie danach mit Zuckerguss oder Kuvertüre überziehen. Dann wird es keiner bemerken. Über das Fleisch können Sie Kräuter streuen. Wenn Sie zu stark gewürzt haben, hilft es, mehr (heißes) Wasser in die Suppe zu gießen, eine Dose Gemüse in den Auflauf oder unter das Gemüse zu mischen. Wenn das Gericht dann zu kalt geworden ist, müssen Sie es noch einmal aufwärmen. Wenn die Kartoffeln zu lange gekocht haben und zerfallen, machen Sie Püree daraus. Zerfallenes Gemüse zerkleinern Sie mit einem scharfen Messer in kleine Stückchen und streuen Kräuter darüber.

Kaufen Sie sich gute Topflappen und Backhandschuhe, damit Sie sich nicht verbrennen. Wenn Sie sich doch verbrannt haben, kühlen Sie mindestens eine Viertelstunde mit einem Kühlkissen oder kaltem Wasser. Dann bleibt das Malheur meist ohne Folgen. Spezielle Fingerpflaster halten es aus, wenn Sie nach einer **Verletzung** weiter in der Küche arbeiten. Mehl, das auf den Boden gefallen ist, macht diesen genauso glatt wie eine Flüssigkeitslache. Beides sollten Sie sofort beseitigen.

Sollte Ihnen wirklich einmal ein Gericht gänzlich misslingen, denken Sie daran, dass auch ein Promikoch einmal ganz klein angefangen und sich die Finger verbrannt hat. Beim nächsten Mal klappt es bestimmt besser und dann können Sie stolz auf sich sein.

REZEPTTEIL

Die Zutaten in den Rezepten sind, wenn nicht anders angegeben, für drei Personen, die viel essen, oder für vier Personen, die normal essen, berechnet. Alle Zutaten müssen natürlich gluten-frei sein. Darauf weisen wir in den Rezepten nicht mehr extra hin. Wenn Sie zusätzlich unter einer Laktoseintoleranz leiden, müssen Sie Zutaten ohne Laktose (Milchzucker) verwenden.

EINTÖPFE UND AUFLÄUFE

Die besten Tipps für die Küche

Eintöpfe und Aufläufe machen relativ viel Arbeit, haben aber einen großen Vorteil: Man kann einen Eintopf schon einige Zeit oder sogar am Tag vorher kochen und braucht ihn dann nur noch aufzuwärmen. Oft schmeckt er dann sogar besser als frisch gekocht. Für die Aufläufe kann man viele Zutaten vorbereiten, die man dann nur noch in eine Form zu schichten und zu backen braucht. Deshalb eignen sich diese Gerichte gut, wenn man vor der Mahlzeit nicht viel Zeit zum Kochen zur Verfügung hat. Als Fortgeschrittene können Sie einen Eintopf kochen oder einen Auflauf vorbereiten, während Sie Ihre warme Mahlzeit zubereiten, die Sie gleich essen wollen. Dann ist das Kochen am nächsten Tag schnell erledigt. Allerdings schmecken einige Nudelsorten ein paar Stunden nach dem Kochen nicht mehr so gut. Kochen Sie die Nudeln direkt vorher oder verwenden Sic ungekochte Nudeln, geben ausreichend Soße in den Auflauf und backen alles etwa 10–15 Minuten länger als sonst. Sie können die Nudeln in vielen Rezepten durch Reis oder Hirse ersetzen, die sich problemlos vorbereiten und kühl stellen lassen.

Wenn Sie Eintöpfe und Aufläufe vorbereiten, lassen Sie alles abkühlen, verschließen die Gefäße gut und stellen Sie sie dann in den Kühlschrank. Wenn die Zeit reicht, sollten Sie die Gefäße etwa eine halbe Stunde vor dem Erwärmen oder der weiteren Verarbeitung aus dem Kühlschrank nehmen.

Suppen brauchen eigentlich keine Bindung. Wenn Ihnen eine Suppe trotzdem zu flüssig geraten ist, rühren Sie das Bindemittel wie im Grundrezept für gebundene Soßen an (siehe S. 108), nehmen aber nur $1/3 - 1/4$ der angegebenen Menge. Vielleicht schmeckt Ihnen die Suppe besser, wenn Sie nach dem Kochen etwas saure Sahne unterrühren oder einige Kartoffeln (1–3 kleine pro 1 l Wasser) mitkochen.

Die Flüssigkeit in Aufläufen binden Sie ebenfalls nach dem Grundrezept für gebundene Soßen. Speisestärke eignet sich nicht zum Binden von Aufläufen, da sich die Soße durch die lange Hitzeeinwirkung im Backofen wieder verflüssigen kann. Beim Backen von Aufläufen können Sie den Backofen auch schon etwa 5 Minuten vor Ende der Garzeit ausschalten, denn er hält seine Temperatur während dieser Zeitspanne. Das spart Energie.

Kartoffeleintopf

Schwierigkeitsgrad: für Anfänger
Laktosefrei und vegetarisch

Arbeitszeit: 30–40 Minuten
Gesamtzeit: 45–55 Minuten

Zutaten

1 kg Kartoffeln

1½ Paprikaschoten

1 l Tomatensaft

3 EL Kräuter (frisch oder getrocknet,
z. B. Petersilie, Schnittlauch, Basilikum)

¼ TL Paprikapulver

etwas gemahlener Pfeffer

1 TL Salz

etwas granulierter Knoblauch

Zubereitung

Kartoffeln schälen, in kleine Stücke
schneiden und im Tomatensaft 10 Minuten kochen. Inzwischen die anderen Zutaten vorbereiten. Paprika waschen und
klein schneiden. Evtl. die frischen Kräuter
hacken, zu den Kartoffeln zugeben und
ca. 15 Minuten weiter gar kochen. Würzen, abschmecken und evtl. nachwürzen.

TIPPS UND HINWEISE

Diesen Kartoffeleintopf können Sie gut
vorbereiten und später aufwärmen.

Kartoffel- und Gemüsegratin

Schwierigkeitsgrad: für Anfänger
Kann laktosearm oder laktosefrei zubereitet
werden, vegetarisch

Arbeitszeit: 30–45 Minuten
Gesamtzeit: 1¼–1½ Stunden

Zutaten

Öl, Butter oder Margarine (evtl. ohne
Milchanteil) zum Einfetten der Form

1 kg Kartoffeln oder Gemüse (frisch oder
aufgetaut)

200 ml Milch (evtl. laktosearm oder Wasser)

4–5 EL Mehl (kein Vollkornmehl)

gekörnte Gemüsebrühe für

700 ml Flüssigkeit

½–1 TL gemahlener Pfeffer

½–1 TL geriebener Muskat

150–200 g Schnittkäse (evtl. laktosearmer
Käse)

Zubereitung

Auflaufform fetten. Kartoffeln oder Gemüse putzen und waschen, in dünne Scheiben oder kleine Stücke schneiden, in die
Form schichten.

350 ml Wasser (bei laktosefreier Zubereitung 550 ml) und 200 ml Milch in einem
kleinen Topf zum Kochen bringen. Dabei
mit einem Schneebesen ab und zu rühren.

Gleichzeitig das Mehl in 150 ml kaltem
Wasser gut verrühren, bis es vollständig
gelöst ist.

Die Gemüsebrühe und die Gewürze in die
kochende Flüssigkeit einrühren. Dann das
gelöste Mehl zugeben, unter ständigem
Rühren kurz aufkochen lassen. Gewürze
zugeben, abschmecken und evtl. nachwürzen.

Die angedickte Flüssigkeit über die Kartoffeln oder das Gemüse gießen. Auf der untersten Schiene im Backofen bei ca. 200 °C,
Umluft bei 180 °C zunächst für 10 Minuten backen. Dann den Auflauf mit Käsescheiben bedecken und weitere ca. 30–40
Minuten backen. Wenn der Käse dunkel
wird, kann man den Ofen schon vorher
ausschalten und den Auflauf noch im heißen Ofen weiter garen. Bei laktosefreier
Zubereitung decken Sie den Auflauf mit
einer Alufolie ab, wenn er anfängt dunkel
zu werden, und garen so weiter.

TIPPS UND HINWEISE

Sie können einen Teil der Kartoffeln durch
Gemüse ersetzen oder Schinkenstückchen
hinzufügen. Wenn Sie größere Mengen für
Besuch kochen wollen, bereiten Sie die 2- bis
2½-fache Menge in einer Fettpfanne zu.

Erbsensuppe

Schwierigkeitsgrad: für Anfänger

Laktosefrei

Arbeitszeit: 15 Minuten
Gesamtzeit: 1½–2 Stunden

Zutaten

500 g grüne Schälerbsen

300 g Kartoffeln

100–200 g geräucherter Schinken

1–2 TL Salz

¼–½ TL gemahlener Pfeffer

1–2 EL Petersilie (frisch oder getrocknet)

1–2 EL Schnittlauch (frisch oder getrocknet)

Zubereitung

Ca. 1–1¼ l Wasser in einen großen Dampfkochtopf oder Topf mit gut schließendem Deckel füllen. Die Schälerbsen hinzugeben und erhitzen.

Währenddessen die Kartoffeln schälen, waschen, in kleine Stücke schneiden und hinzugeben. Den Schinken in kleine Stücke schneiden und ebenfalls zugeben. Evtl. frische Kräuter hacken.

Die Gewürze hinzufügen und alles gut umrühren. Im Dampfkochtopf nach Anleitung (ca. 30–45 Minuten) oder in einem normalen Topf auf kleiner Flamme (1–1½ Stunden) kochen, bis die Erbsen weich sind.

Die Suppe nach Geschmack mit heißem Wasser verdünnen, abschmecken und evtl. nachwürzen.

TIPPS UND HINWEISE

Das Gericht eignet sich als einfache Mahlzeit für viele Leute und kann gut am Tag vorher zubereitet werden. Hierzu passen gut heiße Würstchen. Sie können auch klein geschnittenes Kassler mitkochen, dann brauchen Sie allerdings weniger Salz. Da die Suppe eindickt, müssen Sie sie vor dem Aufwärmen am nächsten Tag mit heißem Wasser verdünnen und gut durchrühren.

Hirseeintopf

Schwierigkeitsgrad: für Anfänger
Kann auch laktosearm oder laktosefrei
zubereitet werden

Arbeitszeit: 20–25 Minuten
Gesamtzeit: 50–60 Minuten

Zutaten

350 g Hackfleisch

Öl, Butter oder Margarine (evtl. ohne
Milchanteil) zum Anbraten

100 g Hirse

280 g Gemüsemais (aus der Dose)

ca. 220 g grüne Bohnen (frisch oder aus der
Dose)

3 EL Kräuter (frisch oder getrocknet, z. B.
Petersilie, Schnittlauch, Kräuter der Provence)

1 TL Salz

etwas gemahlener Pfeffer

Zubereitung

Evtl. frische Bohnen und Kräuter waschen
und klein schneiden.

Hackfleisch in Fett braun braten, dabei am
Anfang viel, nachher weniger rühren, damit es nicht anbrennt. 700 ml Wasser zum
Hackfleisch gießen. Hirse und die frischen,
geschnittenen Bohnen zugeben und alles
20 Minuten kochen lassen.

Mais und evtl. Bohnen aus der Dose abtropfen lassen, zur Hirse-Hackfleisch-Mi-
schung geben, unterrühren und aufkochen lassen. Würzen, abschmecken und
evtl. nachwürzen.

TIPPS UND HINWEISE

Der Hirseeintopf schmeckt anders, wenn Sie
anderes Gemüse, z. B. Brokkoli, Blumenkohl
oder Auberginen verwenden. Diese Gemüsesorten müssen Sie zusammen mit der Hirse
garen.

Grünkohlauflauf

Schwierigkeitsgrad: für Anfänger
Kann auch laktosearm oder laktosefrei
zubereitet werden

Arbeitszeit: 30–45 Minuten
Gesamtzeit: 1–1½ Stunden

Zutaten

700 g Kartoffeln

½ TL Salz

Öl, Butter oder Margarine (evtl. ohne
Milchanteil) zum Einfetten der Form

450–600 g aufgetauter Grünkohl

evtl. ½ Zwiebel

etwa 300 g Kassler in Scheiben oder
gekochter Schinken

250–350 ml Milch (evtl. laktosearm oder
Gemüsebrühe)

1–2 TL Petersilie (frisch oder getrocknet)

½–¾ TL gemahlener Pfeffer

etwas geriebener Muskat

Zubereitung

Evtl. frische Petersilie hacken, Zwiebeln
schälen und klein schneiden. Die Kartoffeln schälen und in kleine Stücke schneiden, in einem Topf mit Wasser bedecken,
Salz hinzufügen und gar kochen. Inzwischen eine Auflaufform fetten, Grünkohl
und Kassler vorbereiten.

Grünkohl evtl. mit Zwiebeln in etwa 150–
200 ml Wasser in einem Topf mit gut
schließendem Deckel gar dünsten. Kassler
in einem anderen Topf ebenfalls mit wenig Wasser dünsten oder den Schinken in
Stücke schneiden.

Die garen Kartoffeln zerdrücken und so
viel Milch (oder Gemüsebrühe) unterrühren, bis das Püree gut streichfähig ist.
Dann die Petersilie unterrühren.

Zuerst den Grünkohl in die Form schichten, mit Pfeffer und Muskat würzen. Darüber die Kasslerscheiben oder die Schinken-
stücke legen. Darauf das Kartoffelpüree
gleichmäßig verstreichen. Den Auflauf auf
der untersten Schiene im Backofen bei
170–190 °C, Umluft bei 160–170 °C für
20 Minuten backen. Wenn die Zutaten bereits abgekühlt waren, lassen Sie den Auflauf noch weitere 10 Minuten im abge-
schalteten Ofen stehen.

TIPPS UND HINWEISE

Dieses Gericht kann schon am Tag vorher
vorbereitet werden, am nächsten Tag in eine
Form füllen und erhitzen. Als Gemüse eignen
sich für diesen Auflauf auch Brokkoli,
Blumenkohl oder Sauerkraut.

Italienischer Gemüseeintopf

Schwierigkeitsgrad: für Fortgeschrittene

Laktosefrei

Arbeitszeit: 40–50 Minuten
Gesamtzeit: 50–60 Minuten

Zutaten

150 g Naturreis

gekörnte Gemüsebrühe für

300 ml Flüssigkeit

1 orange oder gelbe Paprikaschote

250 g Brokkoli (frisch oder aufgetaut)

4 große Tomaten

½–1 Zwiebel

4 Würstchen

¼ TL Salz

¼ TL gemahlener Pfeffer

etwas Paprikapulver

½ TL granulierter Knoblauch

2 EL italienische Kräuter (frisch oder

getrocknet, z. B. Basilikum, Thymian)

Zubereitung

Reis in 300 ml Wasser mit der gekörnten Gemüsebrühe ca. 30 Minuten weich kochen. Währenddessen die anderen Zutaten vorbereiten.

Paprika waschen und klein schneiden. Brokkoli in kleine Röschen zerteilen. Beides in einer Pfanne ca. 10 Minuten dünsten. Tomaten, Zwiebel und Würstchen klein schneiden.

Den gegarten Reis, das Gemüse, Zwiebelwürfel und Würstchen in einem großen Topf mischen und erhitzen. Würzen, abschmecken und evtl. nachwürzen.

TIPPS UND HINWEISE

Nehmen Sie auch anderes Gemüse und tauschen Sie die Würstchen gegen gebratene Hähnchenbrust aus.

Provenzalische Gemüsesuppe

Schwierigkeitsgrad: für Fortgeschrittene
Laktosefrei und vegetarisch

Arbeitszeit: 30–40 Minuten
Gesamtzeit: 50–60 Minuten

Zutaten

1 rote oder weiße Zwiebel

1 rote Paprikaschote

½ Staude Bleichsellerie

gekörnte Gemüsebrühe für 1 l Wasser

100 g Nudeln, am besten Suppennudeln

4 große Tomaten

3 TL Kräuter (frisch oder getrocknet,

z. B. Rosmarin, Petersilie, Schnittlauch,

Kräuter der Provence)

Zubereitung

Zwiebel, Paprika und Sellerie waschen und in kleine Stücke schneiden. 1 l Wasser zum Kochen bringen, gekörnte Gemüsebrühe zufügen. Darin die Gemüsestückchen 15 Minuten kochen lassen, dann die Nudeln zufügen und weitere 5 Minuten kochen. Derweil die Tomaten vorbereiten.

In einem zweiten kleineren Topf Wasser aufkochen lassen. Die Tomaten kreuzweise einritzen und mit einem Schaumlöffel kurz in das kochende Wasser halten, bis sich die Haut an den eingeschnittenen Stellen kräuselt. Dann abkühlen lassen und die Haut abziehen. Die Tomaten in Achtel zerteilen. Evtl. die frischen Kräuter hacken. Die Tomaten in die Suppe geben und zusammen mit dem anderen Gemüse gar kochen, würzen, abschmecken und evtl. nachwürzen.

TIPPS UND HINWEISE

Sie können die Suppe auch mit Zucchini, Auberginen und Paprikaschoten kochen.

Nudelauflauf

Schwierigkeitsgrad: für Anfänger
Kann auch laktosearm oder laktosefrei
zubereitet werden

Arbeitszeit: 30–60 Minuten
Gesamtzeit: 1¼–1¾ Stunden

Zutaten

etwa 300–500 g Gemüse
(frisch, aufgetaut oder aus der Dose,
z. B. Paprika, Tomaten, Bohnen, Mais, Brokkoli,
Blumenkohl)
250 g Nudeln (Sorte nach Ihrem Geschmack)
evtl. zum Kochen der Nudeln 1 EL Öl und
1 TL Salz
evtl. 250 g Hackfleisch
evtl. für das Gehackte 1 kleine Zwiebel,
1–3 EL Öl, ½–1 TL Salz, je ¼–½ TL gemahlener
Pfeffer und Paprikapulver
evtl. 100–200 g gekochter Schinken
Öl, Butter oder Margarine (evtl. ohne Milchanteil) zum Einfetten der Form
200 ml Milch (evtl. laktosearm oder Wasser)
4–5 EL Mehl (kein Vollkornmehl)
gekörnte Gemüsebrühe
für 700 ml Flüssigkeit
1–2 TL Salz
½–1 TL gemahlener Pfeffer
je 1–2 TL Petersilie und Schnittlauch
(frisch oder getrocknet)
150–200 g Schnittkäse (evtl. laktosearmer
Käse, nicht bei laktosefreier Zubereitung)

Zubereitung

Wenn Sie Zeit haben, können Sie frisches
oder aufgetautes Gemüse verwenden, soll
es schnell gehen, nehmen Sie Konserven.
Sie können die Nudeln vorkochen oder sie
ungekocht verwenden, dann müssen Sie
den Auflauf länger im Ofen lassen.

Evtl. frische Petersilie hacken. Frisches Gemüse waschen, putzen und in kleine Stücke schneiden. Gemüse in einem Topf
oder in einer Pfanne mit gut schließendem Deckel in wenig Wasser gar dünsten.
Wenn Sie die Nudeln vorkochen wollen,
nehmen Sie etwa 2–2½ l Wasser und 1 TL
Salz. In das kochende Wasser schütten Sie
die Nudeln, geben 1 EL Öl zu und kochen
die Nudeln bei geringer Hitzezufuhr, bis
sie weich sind. Ab und zu umrühren.
Währenddessen die anderen Zutaten vorbereiten.

Wenn Sie Hackfleisch in Ihrem Auflauf
mögen, schneiden Sie die Zwiebel klein
und braten sie in Öl an. Fügen Sie das Gehackte, Salz, Pfeffer und Paprikapulver
hinzu und braten unter gelegentlichem
Rühren das Fleisch, bis es braun ist. Wollen Sie Schinken verwenden, schneiden
Sie die Scheiben in kleine Stückchen.

Fetten Sie die Auflaufform. Schichten Sie
die Nudeln, das Gemüse und evtl. das
Fleisch hinein.

Bringen Sie 350 ml Wasser und 200 ml
Milch (evtl. 550 ml Wasser) unter Rühren

zum Kochen. Inzwischen rühren Sie das Mehl in 150 ml kaltem Wasser an, bis es ganz gelöst ist. Geben Sie die Gemüsebrühe, Salz, Pfeffer und Petersilie in die kochende Flüssigkeit, rühren gut durch, fügen das gut gelöste Mehl hinzu und kochen sie unter ständigem Rühren kurz auf. Gießen Sie die angedickte Flüssigkeit über die Zutaten und belegen das Ganze mit Käse (bei laktosefreier Zubereitung weglassen). Backen Sie den Auflauf auf der untersten Schiene im Backofen bei ca. 200 °C, Umluft bei 180 °C für 30–40 Minuten. Wenn die Nudeln vorher gekocht wurden und alle Zutaten noch warm waren, können Sie auch auf mittlerer Schiene nur so lange backen, bis der Käse anfängt zu zerlaufen. Bei laktosefreier Zubereitung decken Sie den Auflauf mit Alufolie ab, wenn er anfängt dunkel zu werden, und garen so weiter.

TIPPS UND HINWEISE

Sie können das Gehackte und das Gemüse schon am Tag vorher zubereiten. Einige Nudelsorten schmecken nicht so gut oder kleben aneinander, wenn sie längere Zeit gestanden haben. Probieren Sie deshalb vorher aus, ob Ihre Nudelsorte sich dafür eignet. Wenn Sie größere Mengen für Besuch kochen wollen, bereiten Sie die 2- bis 2½-fache Menge in einer Fettpfanne zu.

Spargel-Krabben-Auflauf

Schwierigkeitsgrad: für Fortgeschrittene
Kann laktosefrei zubereitet werden

Arbeitszeit: 30–65 Minuten
Gesamtzeit: 1–2 Stunden

Zutaten

1–1½ kg Spargel (frisch, aufgetaut oder
aus der Dose)

3 Eier

250 ml Kefir (oder 250 ml Wasser)

1–2 EL Kräuter (z. B. Petersilie, Schnittlauch,
frisch oder getrocknet)

200 g Krabben (aufgetaut oder aus der Dose)

Öl, Butter oder Margarine (evtl. ohne
Milchanteil) zum Einfetten der Form

250 ml Spargelwasser (Kochwasser oder
aus der Dose)

2 EL Mehl (kein Vollkornmehl)

Zubereitung

Frischen Spargel schälen. Aufgetauten
oder frischen Spargel in einem großen
Topf mit gut schließendem Deckel in ca.
500–750 ml Wasser mit etwa ¼–½ TL Salz
gar dünsten. Den Spargel herausnehmen.
Das Kochwasser aufheben. Bei Spargel aus
der Dose das Wasser abgießen und auffangen. Evtl. frische Kräuter hacken.

Eier trennen. Das Eigelb mit Kefir (evtl.
Wasser) und Kräutern verrühren. Dann
die Krabben zugeben und durchrühren.
Das Eiweiß steif schlagen.

Auflaufform einfetten. Den Spargel in die
Form schichten und den Backofen vorheizen.

200 ml Spargelwasser zum Kochen bringen. Währenddessen in 50 ml kaltem
Spargelwasser (oder Wasser) 2 EL Mehl anrühren, bis es ganz gelöst ist, und in die
kochende Flüssigkeit geben. Unter ständigem Rühren kurz aufkochen lassen. Die
angedickte Flüssigkeit zur Krabbenmasse
geben und gut durchrühren. Dann vorsichtig den Eischnee unterrühren. Das
Ganze über den Spargel geben.

Auf mittlerer Schiene im vorgeheizten
Backofen bei 190–200 °C, Umluft bei 170–
180 °C für 25–30 Minuten backen, bis die
Masse anfängt, braun zu werden.

TIPPS UND HINWEISE

Zu diesem Auflauf passen gut Baguette
(siehe Rezept S. 212) oder Kartoffelpüree
(siehe Rezept S. 101). Wenn Sie eine größere
Menge kochen wollen, bereiten Sie die 2- bis
2½-fache Menge in der Fettpfanne zu. Sie
können den Auflauf auch preiswerter mit
Blumenkohl und Schinkenstückchen kochen.

INTERNATIONALE UND REGIONALE KÜCHE

Die besten Tipps für die Küche

Lieb gewonnene oder neue Rezepte aus der internationalen und regionalen Küche schmecken glutenfrei genauso gut wie herkömmlich gekocht. Viele dieser Gerichte enthalten kein Mehl als Zutat und können glutenfrei zubereitet werden. Achten Sie beim Einkaufen immer auch auf Gluten, das in den Zutaten enthalten sein könnte, zum Beispiel in Gewürzen oder Gewürzmischungen.

Wenn in einem herkömmlichen Rezept Mehl enthalten ist, ersetzen Sie es durch glutenfreies. Was Sie beim Backen von Teig beachten müssen, können Sie in den Tipps für das Backen von Brot und Kuchen nachlesen (siehe S. 198 und S. 142). Soßen dicken Sie an, wie es im Grundrezept für gebundene Soßen (siehe S. 108) beschrieben ist.

Geschnetzeltes auf asiatische Art

Schwierigkeitsgrad: für Anfänger
Laktosefrei

Arbeitszeit: 40–50 Minuten
Gesamtzeit: 1¼–1½ Stunden

Zutaten

500 g Schweine- oder Hähnchenbrustfilet

80 ml dunkle Sojasoße

4 TL Ingwergewürz

3 TL chinesische Gewürzmischung

3 TL Sambal Oelek

¼ TL Zimt

¼ TL gemahlene Nelken

Öl, Butter oder Margarine (evtl. ohne Milchanteil) zum Anbraten

Zubereitung

Filets waschen und trocken tupfen. In kleinere Stücke zerteilen.

Sojasoße mit Gewürzen mischen und die Filets darin mindestens ½ Stunde marinieren (einlegen).

Fett in einer Pfanne erhitzen, nur so viel Fleisch hineingeben, dass der Boden gerade bedeckt ist. Etwa 1 EL der Marinade mit erhitzen. Das Fleisch so lange von der einen Seite braten, bis die Ränder der Oberseite sich bräunen. Wenden, von der anderen Seite knusprig braun braten. Wenn nicht alle Fleischstücke auf einmal in die Pfanne passen, die zuerst gegarten auf einen Teller ablegen, die anderen Fleischstücke genauso garen. Die zuerst gegarten Fleischstücke zum Schluss noch einmal mit den anderen zusammen erhitzen.

Chinesischer Tofueintopf

Schwierigkeitsgrad: für Anfänger
Laktosefrei und vegetarisch

**Arbeitszeit: 20–30 Minuten
Gesamtzeit: 1¼–1½ Stunden**

Zutaten

200 g ungewürzter Tofu

2 TL Ingwerpulver

1 TL chinesische Gewürzmischung

½ TL Zucker

½ TL gemahlener Pfeffer

½ TL Paprikapulver

½ TL gemahlene Nelken

150 g Naturreis

½ rote Paprikaschote

¼ frische Ananas

220 g Wachsbohnen (aus der Dose)

180–200 g Sojabohnenkeimlinge (aus dem Glas)

Zubereitung

Tofu in Würfel schneiden. Gewürze in 2 EL Wasser einrühren und den Tofu darin ½ Stunde marinieren (einlegen). Inzwischen den Reis kochen und die anderen Zutaten vorbereiten.

300 ml Wasser mit dem Reis in einem großen Topf aufkochen.

Paprika waschen und klein schneiden, Ananas schälen und ebenfalls klein schneiden. Nach 15 Minuten Garzeit die

Paprikawürfel zum Reis geben und weitere 10 Minuten garen. Währenddessen Bohnen und Sojabohnenkeimlinge abtropfen lassen.

Bohnen, Sojabohnenkeimlinge, Ananasstücke und den Tofu mit der Marinade zum Reis geben und unterrühren. Alles aufkochen lassen, abschmecken und evtl. nachwürzen.

TIPPS UND HINWEISE

Anstelle der Bohnen können Sie auch Pilze oder Brokkoli verwenden.

Sushi

Schwierigkeitsgrad: für Fortgeschrittene
Laktosefrei

Arbeitszeit: 1½–3 Stunden
Gesamtzeit: 3–4 Stunden

Zutaten

Für den Reis

250 g Sushi-Reis

50 ml Reisessig

½ TL Salz

1 TL Zucker

Für die Füllung

(Mengen und Zutaten sind variabel)

Fisch wie Lachs oder Thunfisch

Krabben (frisch oder aufgetaut)

Tofu

frisches Gemüse wie Gurke, Paprikaschote, Möhren

Zum Formen

10–20 g Wasabi

50–100 g Mayonnaise

evtl. ½–1 P Nori-Blätter

Frischhaltefolie

Bambusmatte oder Backpapier

Zubereitung

Den Sushi-Reis nach Angaben des Herstellers kochen. Salz und Zucker zum Reisessig geben, gut rühren, über den noch warmen Reis gießen und mischen. Während der Reis abkühlt, mehrmals durchrühren.

Evtl. den Lachs oder Thunfisch in Alufolie verpackt im Backofen bei 180–200 °C für ca. 20 Minuten garen, Tofu anbraten. Danach alles in sehr kleine Stücke schneiden. Evtl. das Gemüse waschen, in sehr kleine Stücke schneiden, die Möhren reiben. Wasabi-Paste nach Angaben des Herstellers zubereiten.

Formen von Sushi-Kugeln: Mit der Hand Reiskugeln formen und eine Mulde hineindrücken. Nach Geschmack Mayonnaise und/oder Wasabi-Paste, dann die anderen Zutaten hineinfüllen. Die Kugeln auf eine Platte setzen, in Frischhaltefolie verpacken und für mindestens 1 Stunde kühl stellen.

Formen von Rollen: Eine Bambusmatte oder ein Stück Backpapier mit Frischhaltefolie belegen. Darauf je nach Größe ein halbes oder ein ganzes Nori-Blatt legen. Reis im Abstand von etwa 1 cm vom unteren Rand des Nori-Blattes in einem etwa 1 cm breiten, dickeren Streifen verteilen. In diesen Streifen eine Rille drücken und nach Geschmack mit Mayonnaise und/

oder Wasabi-Paste und anderen Zutaten füllen. Dann mithilfe der Frischhaltefolie und der Matte (oder des Backpapiers) möglichst eng aufrollen. Die Enden des Nori-Blattes sollten sich nur etwa 2 cm überlappen. Die in Frischhaltefolie verpackten Rollen auf einer Platte für mindestens 1 Stunde kühl stellen. Vor dem Servieren die Rollen mit einem ganz scharfen Messer in daumendicke Stücke schneiden.

TIPPS UND HINWEISE

Sushi-Zutaten sind heute schon in vielen Supermärkten erhältlich.
Zu Sushi gehört Sojasoße. Diese kann sich jeder nach seinem Geschmack auf die Sushistückchen tropfen.

Quiche Lorraine

Schwierigkeitsgrad: für Fortgeschrittene
Kann auch laktosearm zubereitet werden

Arbeitszeit: 30–45 Minuten
Gesamtzeit: 1½–2 Stunden

Zutaten (für eine Springform, Ø 26 cm)

Für den Teig

150 g kalte Butter oder Margarine
(evtl. ohne Milchanteil)

¼ TL Salz

2 Eier

125 g Mehl-Mix C von Schär

125 g Mehl-Mix Plus von Hammermühle

1 TL gemahlene Flohsamen

1 TL Backpulver

evtl. ein wenig Milch (bei Bedarf
laktosearm)

Öl, Butter oder Margarine (evtl. ohne
Milchanteil) zum Einfetten der Form

Für den Belag

150–200 g geräucherter Schinken

2 Eier

300 g saure Sahne (evtl. laktosearm)

3 EL Speisestärke

2 EL Schnittlauch (frisch oder getrocknet)

½ TL granulierter Knoblauch

½–1 TL gemahlener Pfeffer

Zubereitung

Fett mit dem Salz und den Eiern so gut wie
möglich verrühren.

Mehle mit Flohsamen und Backpulver mischen, zur anderen Mischung geben, mit einem Kochlöffel gut durchrühren. Ist der Teig zu trocken, etwas Milch hinzufügen, ist er zu klebrig, etwas Mehl unterkneten. Für mindestens ½ Stunde in einem verschlossenen Gefäß kühl stellen.

Schinken in kleine Stücke schneiden. Evtl. frischen Schnittlauch hacken. Springform einfetten.

Eier verquirlen. Saure Sahne zugeben und gut durchrühren. Speisestärke unterrühren. Dann Schnittlauch, Knoblauch, Salz und Pfeffer zugeben und gut vermischen.

Den Teig kontrollieren. Er soll nicht reißen, darf aber nicht an den Händen kleben. Sonst etwas Milch oder Mehl unterkneten. Den Teig auf dem Boden der Springform verteilen, dabei nur einen ganz dünnen Rand formen. Belag auf den Teig gießen. Schinken darauf verteilen.

Im Backofen bei 190–200 °C, Umluft 170–190 °C für 20–30 Minuten auf unterster Schiene backen, bis der Teigrand braun wird. Evtl. noch weitere 5 Minuten im ausgeschalteten Ofen stehen lassen.

TIPPS UND HINWEISE

Wenn Sie die Quiche fettärmer zubereiten wollen, nehmen Sie 200 ml saure Sahne und 100 ml Naturjoghurt. Sie benötigen etwa die doppelte Menge, wenn Sie die Quiche auf einem Blech backen wollen.

Flammkuchen

Schwierigkeitsgrad: für Fortgeschrittene
Kann auch laktosearm zubereitet werden

Arbeitszeit: 30–40 Minuten
Gesamtzeit: 1½–1¾ Stunden

Zutaten

Für den Teig

Backpapier

100 g Mehl-Mix C von Schär

100 g Mehl-Mix Plus von Hammermühle

½ P Trockenhefe (ca. 1 TL)

½ P Backpulver (ca. 1½ TL)

etwas Zucker

½ TL Salz

etwa 125 ml Mineralwasser

2 EL Öl

Für den Belag

2 mittelgroße Zwiebeln

200 g geräucherter Schinken

200 g Crème fraîche oder saure Sahne
(evtl. laktosearm)

100 g Magerquark (evtl. laktosearm)

¼ TL gemahlener Pfeffer

Zubereitung

Ein Blech (am besten ein Lochblech) mit Backpapier auslegen. Dann Mehle einwiegen. Hefe, Backpulver, Zucker und Salz zugeben und durchrühren.

2 EL Öl mit ca. 100 ml Mineralwasser mischen, nach und nach zur Mehlmischung geben, mit einem Kochlöffel durchrühren und dann kneten. So viel Mineralwasser hinzufügen, bis der Teig nicht mehr reißt, aber nicht an den Händen klebt. Den Teig auf dem Blech verteilen und gehen lassen. Während dieser Zeit den Belag vorbereiten.

Die Zwiebeln in Ringe, den Schinken in schmale Streifen schneiden. Crème fraîche, Magerquark und Pfeffer zu einer Creme verrühren.

Wenn der Teig gegangen ist, die Creme gleichmäßig darauf verteilen. Dann die Zwiebelringe und Schinkenstückchen darüber streuen.

Auf unterster Schiene im Backofen mit Ober- und Unterhitze bei 200 °C für 20–30 Minuten backen, bis die Masse anfängt, braun zu werden.

TIPPS UND HINWEISE

Variieren Sie den Belag, indem Sie z. B. dünne Lauchscheiben oder Paprikastreifen, gekochten Schinken oder geräucherten Lachs verwenden.

Lasagne

Schwierigkeitsgrad: für Anfänger
Kann auch laktosearm zubereitet werden

Arbeitszeit: 30–40 Minuten
Gesamtzeit: 1–1¼ Stunden

Zutaten

½ rote oder 1 normale Zwiebel

Öl, Fett oder Margarine (evtl. ohne Milchanteil) zum Anbraten und zum Einfetten
der Form

250 g Hackfleisch

250 g Zucchini

1 gelbe Paprikaschote

500 g Tomaten (frisch oder aus der Dose)

1 l Tomatensaft

2–2½ EL Mehl (kein Vollkornmehl)

1 TL Salz

1 TL Paprikapulver

1 TL granulierter Knoblauch

3 EL Kräuter (frisch oder getrocknet,
z. B. Oregano, Rosmarin, Basilikum,
Thymian)

300–400 g Lasagne-Blätter

50 g geschnittener Käse (z. B. Gouda,
evtl. laktosearm)

Zubereitung

Zwiebel klein schneiden. Fett in einer Pfanne erhitzen, Zwiebelwürfel und Hackfleisch darin anbraten, bis das Hackfleisch überall braun ist.

Zucchini, Paprika und evtl. Tomaten waschen, schälen und klein schneiden.

Tomatensaft und 200 ml Wasser aufkochen. Das Mehl in 100 ml kaltes Wasser einrühren oder in einem Mixbecher mit dicht schließendem Deckel schütteln, bis sich das Mehl vollständig aufgelöst hat. In die kochende Flüssigkeit einrühren. Unter Rühren aufkochen, würzen, abschmecken und evtl. nachwürzen.

Form fetten. Zuerst die Tomaten in die Form schichten, dann eine Schicht Lasagne-Blätter, dann Hackfleisch und die Hälfte des Gemüses, danach wieder Lasagne-Blätter, dann den Rest des Gemüses. Zwischendrin immer wieder mit der Tomatensoße auffüllen. Das Ganze mit Käse bedecken. Auf mittlerer Schiene im Backofen bei 210–220 °C, Umluft bei 190–200 °C für 25–30 Minuten backen, bis der Käse anfängt, braun zu werden.

TIPPS UND HINWEISE

Für Gemüse-Lasagne verwenden Sie 750 g gares Gemüse und kochen statt einer Tomatensoße eine Soße aus 200 ml Milch und 700 ml Wasser.

Cannelloni

Schwierigkeitsgrad: für Fortgeschrittene
Können auch laktosearm und vegetarisch
zubereitet werden

Arbeitszeit: 45–60 Minuten
Gesamtzeit: 1¼–1½ Stunden

Zutaten

Für die Spinatfüllung

500 g aufgetauter Blattspinat

250 g Magerquark (evtl. laktosearm)

1 TL Salz

etwas gemahlener Pfeffer

4 EL Kräuter (frisch oder getrocknet, z. B.
Petersilie, Schnittlauch, Basilikum, Thymian)

Für die Hackfleischfüllung

1 Zwiebel

250 g Hackfleisch

Öl, Butter oder Margarine (evtl. ohne
Milchanteil) zum Anbraten

1 EL Kräuter (frisch oder getrocknet,
z. B. Thymian, Schnittlauch)

½ TL Salz, etwas gemahlener Pfeffer

1 Ei

Für die Cannelloni

Öl, Butter oder Margarine (evtl. ohne
Milchanteil) zum Fetten der Form

12 Lasagne-Blätter

1 l Tomatensaft

3–4½ EL Mehl (kein Vollkornmehl)

50 g geschnittener Käse (z. B. Gouda,
evtl. laktosearm)

Zubereitung

Für die Spinatfüllung den Blattspinat mit
etwas Wasser in einer Pfanne mit Deckel
5 Minuten dünsten, dann abgießen. Die
frischen Kräuter hacken, Quark mit Gewürzen vermischen und Spinat unterrühren. Für die Fleischfüllung frische Kräuter
hacken, Zwiebel klein schneiden und mit
Hackfleisch in Fett braun braten. Würzen
und das aufgeschlagene Ei unterrühren.

Auflaufform fetten, Wasser in einem Topf
aufkochen. Die Arbeitsplatte mit einem
feuchten Küchentuch auslegen, damit die
Lasagne-Blätter später nicht festkleben.
Lasagne-Blätter im Wasser so lange kochen, bis sie biegsam sind, mit einem
Schaumlöffel aus dem Wasser heben und
auf das feuchte Tuch legen. Je $^1/_3$ des Lasa-
gne-Blatts mit Füllung belegen, dann aufrollen und sofort in die Form setzen. So
alle Lasagne-Blätter füllen und aufrollen.

900 ml Tomatensaft zum Kochen bringen.
Mehl in 100 ml kaltem Tomatensaft einrühren oder in einem Mixbecher schütteln, bis es sich vollständig aufgelöst hat.
Gelöstes Mehl zum kochenden Tomatensaft geben, unter Rühren aufkochen. Tomatensoße über die Cannelloni gießen
und mit Käse bedecken. Auf mittlerer
Schiene im Backofen bei 200–210 °C, Umluft bei 180–190 °C für 20–25 Minuten
überbacken, bis der Käse bräunt.

Pizza

Schwierigkeitsgrad: für Fortgeschrittene
Kann auch laktosearm zubereitet werden

> **Arbeitszeit: 30–70 Minuten**
> **Gesamtzeit: 1½–2 Stunden**

Zutaten (für ein Blech)

Für den Belag

400–500 g geschnittener Gouda
(evtl. laktosearm)
500–1000 g Tomaten in Stücken aus der
Dose
300–700 g Gemüse (frisch, aufgetaut oder
aus der Dose, z. B. Paprika, Zucchini, Mais,
Blattspinat)
200 g Wurst, Hackfleisch, Fisch oder Meeres-
früchte (z. B. Salami, Schinken, Hackfleisch,
Lachs, Thunfisch, Krabben)
evtl. ½ Zwiebel, ½–1 TL Salz, ¼ TL gemahlener Pfeffer, ¼ TL Paprikapulver, Fett zum
Anbraten des Hackfleisches
200 g saure Sahne (evtl. laktosearm)
2 EL Milch (evtl. laktosearm)
½–1 EL getrockneter Oregano

Für den Teig

Backpapier
125 g Mehl-Mix B oder Mehl-Mix C von Schär
125 g Mehl-Mix Plus von Hammermühle
½ P Trockenhefe (ca. 1 TL)
½ P Backpulver (ca. 1½ TL)
½ TL Salz
etwas Zucker
etwa 150 ml Mineralwasser
2½ EL Öl

Zubereitung

Frisches oder aufgetautes Gemüse in einem Topf mit gut schließendem Deckel in
wenig Wasser gar dünsten. Lachs wird am
besten in Alufolie verpackt für ca. 20 Minuten bei 180–200 °C im Backofen gegart.
Hackfleisch mit klein geschnittenen Zwiebeln, Salz, Pfeffer und Paprika in der Pfanne braun braten.

Ein Backblech mit Backpapier auslegen.
Mehle mit Trockenhefe, Backpulver, Salz
und Zucker mischen. Etwa 50 ml Mineralwasser, dann das Öl zugeben und mit einem Kochlöffel gut unterrühren. Nach
und nach so viel Flüssigkeit unterrühren,
dann unterkneten, bis der Teig keine Risse
mehr bildet. Er darf aber auch nicht an
den Händen kleben bleiben. Sonst etwas
Mehl unterkneten. Den Teig gleichmäßig
auf dem Backblech verteilen und gehen
lassen. Währenddessen weiter den Belag
vorbereiten. Den wählen Sie ganz nach Ihrem Geschmack: viel oder wenig, vegetarisch oder nicht, Fisch oder Fleisch.

Gemüse und Lachs, den Schinken usw. in
Scheiben oder Stücke schneiden. Die saure
Sahne mit der Milch und dem Oregano
mischen. Den Backofen vorheizen.

Die Käsescheiben so auf den Teig legen,
dass sie sich etwas überlappen und keine

Feuchtigkeit vom Belag in den Teig ziehen kann. Darauf zuerst das Tomatenfruchtfleisch in Stücken, dann den restlichen Belag und zum Schluss die Sahnemischung mit einem Teelöffel gleichmäßig verteilen. Auf unterster Schiene für ca. 20–30 Minuten backen, bis der Belag und der Teigrand anfangen, braun zu werden. Der Boden wird am besten, wenn Sie die Pizza bei ca. 200 °C mit Pizzastufe backen. Sonst wählen Sie ein Programm mit Unterhitze.

TIPPS UND HINWEISE

Kinder mögen eine Wunschpizza, bei der jeder seinen Belag selbst wählen darf. Wenn Sie viel Besuch haben, bereiten Sie den Belag zuerst fertig vor und kneten den Teig für ein zweites Blech, während der Teig auf dem ersten Blech geht. Dann können Sie das zweite Blech backen, während Sie die erste Pizza essen.

Moussaka

Schwierigkeitsgrad: für Anfänger

Kann auch laktosearm zubereitet werden

Arbeitszeit: 30–40 Minuten
Gesamtzeit: 1–1¼ Stunden

Zutaten

300 g Kartoffeln

etwas Salz

1 rote oder 2 normale Zwiebeln

450 g Tomaten

½–1 Aubergine

500 g Hackfleisch

Öl, Butter oder Margarine (evtl. ohne Milchanteil) zum Anbraten und Einfetten der Form

1 TL granulierter Knoblauch

1½ TL Salz

etwas gemahlener Pfeffer

1 TL Paprikapulver

1 TL Basilikum (frisch oder getrocknet)

3 TL Oregano (frisch oder getrocknet)

1 TL Thymian (frisch oder getrocknet)

200 g Zucchini

350 g Naturjoghurt (1,5 % oder 3,5 % Fett, evtl. laktosearm)

Zubereitung

Kartoffeln schälen, in Scheiben schneiden, in Wasser mit etwas Salz gar kochen und abgießen. Währenddessen evtl. die frischen Kräuter hacken und die restlichen Zutaten vorbereiten.

Zwiebel und Tomaten klein schneiden. Aubergine schälen und in Scheiben schneiden. Hackfleisch und Zwiebeln braun braten. Dann Tomaten und Aubergine zugeben und weitere 5 Minuten garen. Die Gewürze in einem Schälchen mischen. Die Hälfte der Gewürzmischung zugeben und unterrühren.

Die Auflaufform fetten. Zucchini schälen und in Scheiben schneiden, mit den Kartoffelscheiben und der restlichen Gewürzmischung mischen und in die Form legen. Gemüse-Hackfleisch-Mischung darauf verteilen. Zuletzt den Joghurt darübergeben. Auf mittlerer Schiene im Backofen bei 190–200 °C, Umluft bei 170–180 °C für 15–20 Minuten backen, bis die Oberfläche anfängt, braun zu werden.

TIPPS UND HINWEISE

Wenn Sie viel Besuch erwarten, verdoppeln Sie die Zutatenmengen und backen die Moussaka in einer Fettpfanne. Dazu passt grüner Blattsalat.

Döner

Schwierigkeitsgrad: für Fortgeschrittene
Kann laktosearm oder laktosefrei zubereitet
werden

**Arbeitszeit: 15–20 (30–45) Minuten
Gesamtzeit: ca. 1 (ca. 2) Stunde(n)**

Zutaten

200–300 g gefrorenes Fleisch am Stück
(z. B. Lamm, Huhn, Pute)

4–8 große Salatblätter

2–4 Tomaten

1–1½ Zwiebeln

16 Schlangengurken-Scheiben

Alufolie

Öl zum Einpinseln der Alufolie

½ TL Salz

¼ TL gemahlener Pfeffer

evtl. 1–2 Knoblauchzehen

2 Fladenbrote (Rezept siehe S. 213)

100–200 g Zaziki (Rezept siehe S. 115)

Zubereitung

Das Fleisch mit einem sehr scharfen Messer in leicht angetautem Zustand in ganz dünne Scheiben schneiden. Auf einem Teller weiter auftauen lassen.

Den Salat und die Tomaten waschen. Den Salat mit Küchenpapier trocken tupfen. Zwiebeln, Tomaten und Gurken in dünne Scheiben, evtl. die Knoblauchzehen in kleine Stückchen schneiden. Das Fladenbrot halbieren und jede Hälfte so einschneiden, dass eine Tasche entsteht.

Einen Rost mit Alufolie abdecken. Die Folie mit Öl einpinseln. Den Grill im Backofen vorheizen. Das aufgetaute Fleisch mit Salz und Pfeffer würzen, gleichmäßig auf der Alufolie verteilen. Den Rost mit dem Fleisch auf höchster Stellung unter den Grill schieben und je nach Dicke der Scheiben 3–10 Minuten grillen, bis es braun ist. Da es schnell verbrennt, bitte im Auge behalten.

Das aufgeschnittene Fladenbrot innen mit Zaziki einstreichen, bei laktosefreier Zubereitung weglassen (Zaziki gehörte ursprünglich sowieso nicht in den Döner). Evtl. das Fleisch dann mit dem Knoblauch würzen.

Salatblätter, Gurken-, Tomaten- und Zwiebelscheiben, dann das Fleisch in das Fladenbrot füllen und sofort servieren.

TIPPS UND HINWEISE

Gehen Sie doch mit anderen zur Dönerbude und nehmen Ihren eigenen Döner mit. Wenn nicht alles, was Sie vorbereitet haben, in das Fladenbrot hineinpasst, servieren Sie es auf kleinen Tellern zum Döner. Dönerfleisch schmeckt auch gut zu Reis und Salat. Wenn Ihnen das Schneiden des Fleisches zu kompliziert ist, können Sie auch einfach Hackfleisch mit Zwiebeln und Gewürzen braten und zum Füllen des Fladenbrots verwenden.

Maultaschen

Schwierigkeitsgrad: für Profis
Laktosefrei

Arbeitszeit: 1½–1¾ Stunden

Zutaten

Für den Teig

50 g Mehl für alle Kochanwendungen von
Schär

50 g Mehl-Mix Plus von Hammermühle

100 g Mehl-Mix B von Schär

3 Eier

½ TL Salz

Für die Füllung

½ rote oder 1 normale Zwiebel

Öl, Butter oder Margarine (evtl. ohne
Milchanteil) zum Anbraten

250 g Hackfleisch

75 g aufgetauter Blattspinat

½ TL Salz

etwas gemahlener Pfeffer

1 EL Thymian (frisch oder getrocknet)

1 Ei

1 TL Salz oder gekörnte Gemüsebrühe für
2–3 l Wasser

Zubereitung

Die Mehle in eine Schüssel einwiegen und
mischen, anschließend Eier darüber aufschlagen, Salz zufügen und alle Zutaten
verkneten. Wenn der Teig noch an den
Händen klebt, noch etwas Mehl unterkneten. Wenn der Teig auseinanderfällt und
sich nicht leicht feucht anfühlt, noch etwas Wasser einkneten. Den Teig mindestens ½ Stunde kühl stellen. Währenddessen die Füllung vorbereiten.

Die Zwiebel klein schneiden. Evtl. frischen
Thymian hacken. Fett in einem Topf oder
einer Pfanne erhitzen, Zwiebelwürfel und
Hackfleisch darin anbraten. Dann den
Blattspinat zugeben und mit geschlossenem Deckel noch 5 Minuten ziehen lassen. Abkühlen lassen, Gewürze zugeben
und ein Ei unterrühren.

Eine Teigmatte großzügig mit Mehl bestäuben, den Teig darauf etwa 40 cm lang
und 20 cm breit ausrollen. Wird die Teigplatte deutlich kleiner, bekommen Sie nur
wenige Maultaschen und der Teig ist zu
dick. Wird die Teigplatte deutlich größer,
kann der Teig bei der Verarbeitung reißen.
Die Teigplatte mit einem Messer in 12
etwa gleich große Rechtecke zerteilen.
Jedes Rechteck zur Hälfte mit der Füllung
bedecken, dabei einen fingerbreiten Rand
an den Seiten lassen und die Füllung nicht
höher als einen Finger dick auftragen.
Dann die unbedeckte Hälfte über die Fül-

lung klappen und an den Rändern festdrücken. Mit den anderen Rechtecken ebenso verfahren.

Wenn etwa die Hälfte der Maultaschen fertig gefüllt ist, 2–3 l Wasser zum Kochen bringen und Salz oder gekörnte Gemüsebrühe dazugeben.

Die Maultaschen in Salzwasser oder Brühe etwa 10 Minuten garen, dann mit einem Schaumlöffel vorsichtig herausheben und auf einer Platte servieren.

TIPPS UND HINWEISE

Mit etwas Übung bereiten Sie auch diese schwäbische Spezialität zu.
Sie können die Maultaschen auskühlen lassen, dann vorsichtig in Streifen schneiden und in einer Pfanne braun braten, evtl. noch 1 oder 2 Eier hinzugeben, unterrühren und kurz erhitzen. Dazu servieren Sie Blattsalat.
Maultaschen können natürlich auch auf andere Weise gefüllt werden: nur mit Gemüse, mit Geflügelfleisch oder mit Lachs.

Herzhafte und süße Pfannkuchen

Schwierigkeitsgrad: für Anfänger
Können auch laktosearm oder laktosefrei
zubereitet werden

Arbeitszeit: 1–1½ Stunden

Zutaten

Für den Grundteig

125 g Mehl-Mix C von Schär

125 g Mehl-Mix Plus von Hammermühle

etwas Salz

etwas Zucker

¼ TL Johannisbrotkernmehl

2 Eier

400–600 ml Milch (evtl. laktosefrei oder
Wasser und 3 TL Öl)

Öl, Butter oder Margarine (evtl. ohne
Milchanteil) zum Backen

Für herzhafte Pfannkuchen

200 g geräucherter oder gekochter Schinken

Für süße Pfannkuchen

200 g Äpfel, Birnen oder Kirschen

50 g Zucker

evtl. knapp ¼ TL Zimt

Zubereitung

Schinken oder Obst in kleine Stücke schneiden.

Mehle mit Salz, Zucker und Johannisbrotkernmehl mischen. Eier zugeben, mit einem Mixer gut durchrühren. Nach und nach die Flüssigkeit zugeben und mit dem Mixer mischen, bis keine Mehlklümpchen mehr erkennbar sind und der Teig so flüssig ist, dass er zäh vom Löffel fließt.

Die Schinken- oder Obststücke, evtl. Zucker und Zimt zum Teig geben und gut durchrühren.

In einer Pfanne so viel Fett erhitzen, dass der Boden gut bedeckt ist. Jeweils 3–4 EL Teig in die Pfanne füllen und von beiden Seiten braun backen. Dabei entweder mit zwei Pfannenwendern oder durch Hochwerfen wenden. Die fertigen Pfannkuchen auf einem hitzefesten Teller im Backofen bei 60–70 °C bis zum Servieren warm halten.

TIPPS UND HINWEISE

Probieren Sie auch einmal Spinat-, Lachs-, Blaubeer- oder Johannisbeerpfannkuchen.

GEMÜSE ALS BEILAGE UND HAUPTGERICHT

Die besten Tipps für die Küche

Da Gemüse genauso wie Obst glutenfrei ist, steht einer gesunden Ernährung auch bei Zöliakie nichts im Wege. Essen Sie viel Obst und Rohkost und kochen Sie ruhig einmal Gemüse als Hauptgericht. Gemüse ist nicht nur gesund, sondern auch als kalorienarmer Sattmacher bestens geeignet, wenn Sie auf Ihr Gewicht achten müssen.

Beim Zubereiten und Garen von Gemüse sollten Sie beachten, dass lange Lagerung, intensives Waschen und langes Kochen einen Teil der Vitamine zerstören. Verwenden Sie deshalb zum Garen möglichst wenig Wasser und kochen Sie das Gemüse möglichst kurz. Wenn Sie einen Gemüseauflauf zubereiten, der im Backofen noch überbacken wird, brauchen Sie das Gemüse nicht vollständig zu garen, da es im Backofen noch weiter gart.

TIPPS UND HINWEISE

Bissfestes Gemüse ist gar – es muss nicht ganz weich und schlapp gekocht werden.

Die beste Methode zum Garen von Gemüse ist ein Dampfgarer. Der ist allerdings teuer und deshalb nur in wenigen Haushalten zu finden. Es gibt auch gute Topfsysteme, bei denen man Gemüse im Dampf garen kann. Auch sie sind leider nicht ganz preiswert. Empfehlenswert ist ein Dampfkochtopf, den Sie auch für das Garen von Fleisch einsetzen können. Man kann sich auch mit einer hochwertigen, unbeschichteten Pfanne mit einem gut schließenden Deckel behelfen. Sie geben das Gemüse und gerade so viel Wasser in die Pfanne, dass Ihr Gemüse nicht anbrennen kann. Dann setzen Sie den Deckel auf die Pfanne. Im heißen Wasser und dem sich daraus entwickelnden Dampf gart das Gemüse ebenfalls ausgezeichnet. Damit Ihr Gemüse nicht anbrennt, müssen Sie öfter kontrollieren, ob noch genug Wasser in der Pfanne ist. Dies geht deutlich einfacher, wenn Sie einen Glasdeckel benutzen, da Sie so alles im Blick haben. Das spart Zeit und Energie, weil die Wärme nicht aus der Pfanne entweichen kann. Wir raten Ihnen, auch Töpfe, die Sie häufig benutzen, mit Glasdeckeln ausstatten.

Sind Sie es gewohnt, Ihr Gemüse anzubinden, mit Soße oder zerlassener Butter und Paniermehl zu essen, können Sie dies auch weiterhin tun. Verwenden Sie glutenfreie Bindemittel und glutenfreies Paniermehl. Trotzdem unser Tipp: Gut gegartes Gemüse ist von sich aus schmackhaft. Probieren Sie es einfach einmal aus, denn es spart Arbeit und Kalorien.

Gedämpftes Gemüse

Schwierigkeitsgrad: für Anfänger
Laktosefrei und vegetarisch

Arbeitszeit: 45–60 Minuten
Gesamtzeit: 1¼–1½ Stunden

Zutaten

200 g Möhren (frisch oder aufgetaut)
200 g grüne Bohnen (frisch oder aufgetaut)
300 g Blumenkohl (frisch oder aufgetaut)
1½ TL Salz
1 EL Kräuter (frisch oder getrocknet,
z. B. Petersilie, Schnittlauch, Dill, Kräuter der
Provence)

Zubereitung

Frisches Gemüse waschen, frische Möhren schälen. Möhren und Bohnen klein schneiden. Den Blumenkohl in kleine Röschen zerteilen.

Eine Pfanne mit gut schließendem Deckel mit Wasser füllen, sodass der Boden gerade bedeckt ist. Die geschnittenen Bohnen hineinlegen und aufkochen, 5 Minuten ziehen lassen, dann das restliche Gemüse zugeben und 15 Minuten garen. Zwischendrin ab und zu umrühren und sicherstellen, dass immer genug Wasser in der Pfanne ist. Das gare Gemüse würzen.

TIPPS UND HINWEISE

Auf diese Art können Sie auch Auberginen, Brokkoli, Paprika usw. garen. Wenn Sie gemischtes Gemüse zubereiten wollen, fangen Sie mit den härteren Sorten an und geben nach und nach die weicheren zu. Dann ist alles Gemüse gleichzeitig gar.

Gefüllte Paprika

Schwierigkeitsgrad: für Anfänger
Laktosefrei und vegetarisch

Arbeitszeit: 40–50 Minuten
Gesamtzeit: 1¼–1½ Stunden

Zutaten

150 g Naturreis

1 TL Salz

4 rote Paprikaschoten

1 Zwiebel

Öl, Butter oder Margarine

(evtl. ohne Milchanteil)

300 g aufgetauter Blattspinat

½ TL gemahlener Pfeffer

1 TL granulierter Knoblauch

2 EL Kräuter (frisch oder getrocknet,

z. B. Petersilie, Schnittlauch)

Zubereitung

Reis in 300 ml Wasser mit 1 TL Salz etwa 30 Minuten weich kochen und evtl. abgießen. Währenddessen die anderen Zutaten vorbereiten.

Paprika waschen. Den Stiel und die Kerne herausschneiden. Die Zwiebel in Würfel schneiden. Evtl. die frischen Kräuter hacken. Auflaufform fetten.

Den gekochten Reis mit dem Blattspinat, den Zwiebelwürfeln und Gewürzen mischen und in die Paprika füllen. Die Paprika aufrecht in die Auflaufform stellen und im Backofen bei ca. 190–200 °C, bei Umluft bei ca. 170–180 °C für 20–25 Minuten backen, bis die oberen Ränder der Paprika Falten werfen.

TIPPS UND HINWEISE

Probieren Sie mal diese Füllung aus: Statt Reis kochen Sie 100 g Hirse und statt Blattspinat dünsten Sie 200 g klein geschnittene Bohnen ca. 10 Minuten an.

Sauerkrautgemüse

Schwierigkeitsgrad: für Anfänger
Laktosefrei, vegetarisch

Arbeitszeit: 20–30 Minuten
Gesamtzeit: 40–50 Minuten

Zutaten

500 g Gemüse (frisch oder aufgetaut,
z. B. Bohnen, Möhren, Blattspinat, Brokkoli)
250–300 g vorgegartes Sauerkraut aus der
Dose
etwas Salz
etwas gemahlener Pfeffer
etwas Paprikapulver

Zubereitung

Gemüse waschen, putzen und klein schneiden. In der Dämpfpfanne ca. 10 Minuten garen.
Sauerkraut zufügen und das Gemüse gar kochen.
Würzen, abschmecken und evtl. nachwürzen.

TIPPS UND HINWEISE

Wer mag, kann das Sauerkrautgemüse mit 100 g geräucherten Schinkenstückchen verfeinern.

Gefüllte Tomaten

Schwierigkeitsgrad: für Anfänger
Können laktosefrei zubereitet werden,
vegetarisch

Arbeitszeit: 20–30 Minuten
Gesamtzeit: 40–50 Minuten

Zutaten

4 große Fleischtomaten
½ rote Zwiebel oder 1 normale Zwiebel
200 g aufgetauter Blattspinat
1 EL Kräuter (frisch oder getrocknet, z. B.
Petersilie, Schnittlauch, Basilikum, Thymian)
¼ TL Salz
½ TL granulierter Knoblauch
etwas gemahlener Pfeffer

Zubereitung

Die Tomaten waschen. Den oberen Teil wie einen Deckel abschneiden, den unteren Teil aushöhlen. Das Tomatenfruchtfleisch aufheben.
Die Zwiebel in kleine Würfel schneiden, evtl. frische Kräuter hacken.
Den Blattspinat mit den Zwiebelwürfeln, etwa der Hälfte des Tomatenfruchtfleisches und Gewürzen mischen. Diese Mischung in die Tomaten füllen.
Den „Deckel" aufsetzen und im Backofen bei 210–220 °C, bei Umluft 190–200 °C etwa 20 Minuten backen, bis die Tomatenhaut Falten wirft.

TIPPS UND HINWEISE

Sie können die Tomaten auch mit Reis oder
anderem Gemüse füllen.

Gemüseauflauf in Pergamentschiffchen

Schwierigkeitsgrad: für Fortgeschrittene
Kann auch laktosearm zubereitet werden, vegetarisch

Arbeitszeit: 45–60 Minuten
Gesamtzeit: 1¼–1¾ Stunden

Zutaten

80 g Hirse

½ TL Salz oder gekörnte Gemüsebrühe für

200 ml Wasser

800 g Gemüse (frisch oder aufgetaut,

z. B. Brokkoli, Blumenkohl, Bohnen, Möhren,

Mais, Paprikaschoten)

200 g ungewürzter Tofu

Butterbrotpapier von der Rolle

3 EL Kräuter (frisch oder getrocknet,

z. B. Petersilie, Schnittlauch, Basilikum)

1 TL Salz

etwas gemahlener Pfeffer

100 g Käse in Scheiben (z. B. Gouda,

evtl. laktosearm)

Zubereitung

Hirse in etwa 200 ml Gemüsebrühe oder Salzwasser ca. 30 Minuten gar kochen. Inzwischen die anderen Zutaten vorbereiten.
Gemüse waschen und klein schneiden. In einer Pfanne mit dicht schließendem Deckel und etwas Wasser 10 Minuten garen.

Dabei sicherstellen, dass der Boden der Pfanne immer mit Wasser bedeckt ist. Währenddessen den Tofu würfeln.
Butterbrotpapier in 4 etwa 40 cm lange Stücke schneiden und jeweils an den kürzeren Seiten wie ein Bonbonpapier zusammendrehen, sodass eine Schale entsteht. Die Schalen auf ein Backblech stellen.
Das gegarte Gemüse, die Hirse und die Tofustücke mischen und mit Kräutern, Salz und Pfeffer würzen. Die Schalen mit der Mischung füllen.
Käsescheiben passend zuschneiden und den Inhalt der Schalen damit bedecken. Auf mittlerer Schiene im Backofen bei 190–200 °C, Umluft bei 170–180 °C für 15–20 Minuten backen, bis der Käse leicht gebräunt ist. Die Schalen mit einem breiten Pfannenwender oder einem Tortenheber vorsichtig auf die Teller setzen, so bleiben die Schalen unversehrt.

TIPPS UND HINWEISE

Auch Reis eignet sich anstelle von Hirse. Sie können den Tofu durch angebratene Stückchen Hähnchenbrust ersetzen.

Tofu-Gemüse-Pfanne

Schwierigkeitsgrad: für Anfänger
Laktosefrei und vegetarisch

Arbeitszeit: 30–40 Minuten
Gesamtzeit: 50–60 Minuten

Zutaten

5 EL Kräuter (frisch oder getrocknet,
z. B. Petersilie, Schnittlauch, Basilikum,
Kräuter der Provence)

½ Zwiebel

1 TL Salz

½ TL gemahlener Pfeffer

1 TL granulierter Knoblauch

1 TL Paprikapulver

200 g ungewürzter Tofu

500 g Gemüse (frisch oder aufgetaut, z. B.
Brokkoli, Blumenkohl, Blattspinat, Möhren)

Zubereitung

Evtl. frische Kräuter hacken. Zwiebel würfeln. Gewürze mit etwas Wasser (ca. 2 EL) zu einer Paste vermischen.

Den Tofu in Würfel schneiden und etwa ½ Stunde in der Gewürzmischung ziehen lassen, ab und zu umrühren. Währenddessen das Gemüse vorbereiten.

Gemüse waschen, putzen und klein schneiden. In der Dämpfpfanne ca. 15 Minuten garen.

Tofu mit Gewürzmischung unter das gegarte Gemüse rühren und aufkochen lassen. Abschmecken, evtl. nachwürzen.

TIPPS UND HINWEISE

Zur Tofu-Gemüse-Pfanne passen Reis, Quinoa oder Kartoffelpüree.

Gemüse-Pie

Schwierigkeitsgrad: für Fortgeschrittene
Kann auch laktosearm zubereitet werden

Arbeitszeit: 45–60 Minuten
Gesamtzeit: 1–1½ Stunden

Zutaten (für eine runde Form, Ø 23 cm)

Für den Teig

150 g kalte Butter oder Margarine
(evtl. ohne Milchanteil)

¼ TL Salz

2 Eier

125 g Mehl-Mix C von Schär

125 g Mehl-Mix Plus

1 TL gemahlene Flohsamen

1 TL Backpulver

evtl. ein wenig Milch (evtl. laktosearm)

Für die Füllung

3 Eier

750 g Gemüse (frisch, aufgetaut oder aus der
Dose, z. B. Brokkoli, Bohnen, Möhren, Mais)

½ rote oder 1 normale Zwiebel

200 g saure Sahne (evtl. laktosearm)

½ TL Salz

etwas gemahlener Pfeffer

3 EL Kräuter (frisch oder getrocknet,
z. B. Schnittlauch, Petersilie, Basilikum,
Kräuter der Provence)

Öl, Butter oder Margarine (evtl. ohne
Milchanteil) zum Einfetten der Form

Zubereitung

Fett mit dem Salz und den Eiern so gut wie möglich verrühren.

Mehle mit Flohsamen und Backpulver mischen, zur anderen Mischung geben, mit einem Kochlöffel gut durchrühren. Ist der Teig zu trocken, etwas Milch hinzufügen. Für mindestens ½ Stunde in einem verschlossenen Gefäß kühl stellen. Währenddessen die anderen Zutaten vorbereiten.

Eier hart kochen. Gemüse waschen, putzen und klein schneiden. In der Dämpfpfanne ca. 5 Minuten andünsten. Zwiebel würfeln, evtl. frische Kräuter hacken und mit saurer Sahne und Gewürzen mischen. Eier pellen, in Würfel schneiden und unter das Gemüse mischen.

Auflaufform fetten und mit Teig auskleiden. $\frac{1}{3}$ des Teiges für den Deckel zurückbehalten. Die Gemüsemischung hineinfüllen und die saure Sahne mit Gewürzen darübergießen. Den restlichen Teig in kleinen Portionen in der Hand flach formen und auf die Füllung legen.

Auf der mittleren Schiene im Backofen bei ca. 200–210 °C, Umluft bei ca. 180–190 °C für ca. 20–25 Minuten backen, bis die Teigränder leicht gebräunt sind.

TIPPS UND HINWEISE

Statt mit Eiern können Sie die Pie auch mit 200 g gewürfeltem Tofu zubereiten.

FLEISCH- UND GEFLÜGELGERICHTE

Die besten Tipps für die Küche

Fleisch und Geflügel sind glutenfrei. Allerdings sollten Sie beachten, dass Würzmischungen und Marinaden häufig Gluten enthalten. Deshalb sollten Sie entweder kein gewürztes Fleisch kaufen oder sich genau erkundigen, ob die verwendeten Gewürze glutenfrei sind. Oft verwechseln aber die Verkäufer Gluten mit dem Geschmacksverstärker Glutamat. Am besten sagen Sie dazu, dass Sie nicht den Geschmacksverstärker meinen, sondern alles, was mit Weizen oder Mehl zu tun hat.

Wenn Sie das Fleisch selbst würzen, werden Sie schon nach kurzer Zeit leicht Ihren ganz persönlichen Geschmack besser treffen, als jeder Fleischer das könnte. Knoblauch ist übrigens ein Gewürz, das ganz allgemein die Wirkung der anderen Gewürze verstärkt, auch wenn man ihn selbst nicht hervorschmeckt. Würzen Sie deshalb oft mit Knoblauch. Wenn Sie Angst vor seinem Geruch haben, dann verwenden Sie granulierten Knoblauch. Dann riecht man nicht danach.

TIPPS UND HINWEISE

Sollten Sie Zweifel an den Kenntnissen der Verkäufer haben, dann kaufen Sie lieber ungewürztes Fleisch und würzen es selbst.

Wenn Sie Tiefkühlware kaufen, lesen Sie unbedingt die Zutatenliste. Häufig wird Fleisch oder Geflügel vor dem Einfrieren mariniert (in eine flüssige Würzmischung eingelegt). Vergewissern Sie sich, dass dabei kein Weizenmehl oder andere glutenhaltige Zutaten verwendet werden.

Paniertes Fleisch können Sie auch selbst mit glutenfreiem Paniermehl und Ei zubereiten. Aber Achtung: Die Paniermehlhülle saugt beim Braten viel Fett auf und ist deshalb kalorienreich. Wenn Sie auf Ihre Figur achten möchten, sollten Sie das Fleisch besser anders zubereiten.

TIPPS UND HINWEISE

Fertig panierte Produkte enthalten Gluten, es sei denn, sie wurden von einem speziellen Hersteller für glutenfreie Produkte produziert.

TIPPS UND HINWEISE

Bereiten Sie kleine Fleischstücke in der Dämpfpfanne oder im Wok zu. Im Wok lässt sich ausgezeichnet Fleisch zusammen mit Gemüse garen. Sie können dabei herkömmlich oder asiatisch würzen.

Wir empfehlen Ihnen, zum Anbraten von Fleisch Öl zu verwenden. Öl enthält ungesättigte Fettsäuren, die für eine gesunde Ernährung wichtig sind. In weißen Fetten wie Butter oder Margarine sind diese nur in geringen Mengen vorhanden. Wenn Sie den typischen Ölgeschmack nicht mögen, probieren Sie einige Öle aus. Von manchen Sorten gibt es sogar kleine Probierflaschen zu kaufen. Es gibt Öle, die geschmacksneutral sind. Achten Sie beim Kauf auch darauf, dass sowohl das Öl als auch die Margarine für das Kochen und Braten geeignet ist.

TIPPS UND HINWEISE

Wenn Sie beim Garen von Fleisch Zeit sparen wollen, benutzen Sie einen Dampfkochtopf.

Braten Sie das Fleisch in einem Dampfkochtopf an, bis es schön braun ist, geben Sie ¾ bis 1 Tasse Wasser hinzu, setzen Sie den Deckel auf und garen das Fleisch. Beachten Sie dabei die Zeitangaben des Herstellers Ihres Dampfkochtopfs. Fleischstü-

cke wie Hühnerbrust- oder Putenbrustfilets lassen sich auch gut mit wenig Wasser in einer Pfanne mit gut schließendem Deckel (Dämpfpfanne) garen. Wenn Sie kleine Fleischstückchen und Gemüse zubereiten wollen, gelingt das im Wok. Zunächst braten Sie das Fleisch kurz im Wok an, bis es nicht mehr rosa ist. Dann schieben Sie das Fleisch hoch an den Rand. Geben Sie ein klein wenig Wasser zu und garen Sie das Gemüse in der Mitte. Während das Gemüse schnell gart, zieht das Fleisch am Rand langsam durch und bleibt so schön zart und saftig.

Praktisch alle Rezepte von Fleischgerichten aus anderen Büchern können Sie mit glutenfreien Zutaten glutenfrei nachkochen.

Panierte Minischnitzel

Schwierigkeitsgrad: für Anfänger
Laktosefrei

Arbeitszeit: 30–45 Minuten

Zutaten

400–500 g Schweineschnitzel (1 pro Person)

50–70 g Paniermehl

1 Ei

etwas Salz

etwas gemahlener Pfeffer

Öl, Butter oder Margarine (evtl. ohne
Milchanteil) zum Anbraten

Zubereitung

Schnitzel in jeweils 2–3 Stücke schneiden. Zwei Suppenteller bereitstellen. Den Boden des einen mit einer dicken Schicht Paniermehl bedecken. Das Ei in den anderen Teller aufschlagen, verquirlen, mit etwas Salz und Pfeffer würzen.
Ausreichend Fett in der Pfanne erhitzen. Das Fleisch von beiden Seiten im Ei wälzen, direkt danach im Paniermehl. Sofort im heißen Fett von beiden Seiten insgesamt für ca. 10–20 Minuten je nach Größe braten.

TIPPS UND HINWEISE

Die Schnitzel eignen sich auch gut zum Mitnehmen für unterwegs.

Mariniertes Grillfleisch

Schwierigkeitsgrad: für Anfänger
Laktosefrei

Arbeitszeit: 5–10 Minuten
Gesamtzeit: 10–40 Minuten
(je nach Art des Grillens)

Zutaten

400 g Fleisch (z. B. Schweine- oder Geflügelfleisch)

2 TL Thymian (frisch oder getrocknet)

1 TL Salz

1 TL Paprikapulver

½ TL granulierter Knoblauch

1 TL Öl

Zubereitung

Evtl. den frischen Thymian hacken und das Fleisch in Stücke schneiden, sodass es sich gut grillen lässt. 1 TL Wasser und 1 TL Öl mischen. Die Gewürze zugeben und durchrühren. Die Marinade mit einem Pinsel auf das Fleisch streichen.
Das Fleisch sofort oder später wie gewohnt grillen. Das Fleisch schmeckt intensiver, wenn es vor dem Grillen noch einmal mit der Marinade bestrichen wird.

TIPPS UND HINWEISE

Sie können auch Kräuter oder Pfeffer unter die Marinade rühren.

Fleischspieße

Schwierigkeitsgrad: für Anfänger

Laktosefrei

Arbeitszeit: 20–30 Minuten
Gesamtzeit: 40–50 Minuten

Zutaten (für 8 Spieße)

8 Schaschlikspieße

500 g Fleisch (frisch oder aufgetaut,

z. B. Schweine-, Hähnchen- oder Putenfleisch)

2 Paprikaschoten (am besten zwei unter-

schiedliche Farben)

evtl. ½ TL Salz

evtl. etwas gemahlener Pfeffer

Zubereitung

Die Spieße mindestens ½ Stunde in Wasser legen. So ist die Gefahr geringer, dass sie beim Grillen anfangen zu verkohlen. Währenddessen die Zutaten vorbereiten.

Fleisch in kleine Stücke schneiden, Paprika waschen, Kerne entfernen und in Stücke schneiden.

Je zwei Paprikastücke und ein Fleischstück abwechselnd auf den Spieß stecken, mit Paprika beginnen und abschließen. Spieße mit Salz und Pfeffer bestreuen. Die Spieße wie gewohnt grillen.

TIPPS UND HINWEISE

Statt Paprika können Sie z. B. auch Cocktailtomaten oder Ananas auf die Spieße stecken.

Cordon bleu

Schwierigkeitsgrad: für Profis
Kann auch laktosearm zubereitet werden

Arbeitszeit: 25–35 Minuten
Gesamtzeit: 1 Stunde

Zutaten

4 dickere Schweinefilets (etwa 500 g)

etwa 100 g geschnittener Käse (Gouda oder
Emmentaler, evtl. laktosearm)

etwa 50 g gekochter Schinken

etwas Salz

etwas gemahlener Pfeffer

1 Ei

etwa 4 EL Paniermehl

Backpapier oder Öl, Butter oder Margarine
(evtl. ohne Milchanteil) zum Anbraten

TIPPS UND HINWEISE

Für das Cordon bleu eignen sich auch
Hähnchenbrustfilets.

Zubereitung

Filets waschen, trocken tupfen. Mit einem scharfen Messer in der Mitte parallel zur Oberfläche einschneiden, sodass eine Tasche entsteht.

Je zwei Käsescheiben und eine Schinkenscheibe für jedes Filet passend zuschneiden. Den Schinken zwischen die Käsescheiben legen und in die Tasche des Filets schieben. Filets außen nach Geschmack mit Salz und Pfeffer würzen.

Ein Blech mit Backpapier auslegen. Das Ei in einen Suppenteller verquirlen, in einen zweiten Suppenteller das Paniermehl geben. Die Fleischstücke vorsichtig zunächst im Ei, dann im Paniermehl wälzen und auf das Blech legen. Auf mittlerer Schiene im Backofen bei 190–200 °C, Umluft bei 170–180 °C für ca. 20 Minuten backen, bis das Paniermehl gebräunt und der Käse teilweise herausgelaufen ist. Man kann die Fleischstücke auch wie gewohnt in heißem Fett in einer Pfanne braten, bis die Kruste schön braun ist und der Käse anfängt herauszulaufen. Allerdings ist dann das Cordon bleu fettreicher. Wenden Sie beim Braten die Fleischstücke vorsichtig, damit die Füllung nicht herausfällt.

Gulasch

Schwierigkeitsgrad: für Anfänger
Laktosefrei

Arbeitszeit: 30–40 Minuten
Gesamtzeit: 1½–1¾ Stunden

Zutaten

2 Zwiebeln

Öl, Butter oder Margarine (evtl. ohne
Milchanteil) zum Anbraten

500–700 g Gulasch

½–1 TL Salz

etwa ¼ TL gemahlener Pfeffer

etwa ¼ TL Paprikapulver

evtl. 1 rote oder grüne Paprikaschote

evtl. 2–3 Tomaten

2–2½ EL Mehl (kein Vollkornmehl)

Zubereitung

Zwiebeln schälen, klein schneiden, in heißem Öl braun braten. Dann das Fleisch
anbraten, bis es braun ist. Mit Salz, Pfeffer
und Paprika würzen. Ab und zu umrühren
und das Gemüse vorbereiten. Paprika und
Tomaten waschen. Paprikakerne entfernen. Gemüse in kleine Stücke schneiden,
zum Fleisch geben und ebenfalls anbraten. Etwa 200–300 ml Wasser zugeben.
Das Fleisch darin garen. Mehl in ca. 100 ml
kaltem Wasser lösen. Das gut gelöste Mehl
in den Topf geben. Alles gut durchrühren
und unter Rühren kurz aufkochen.

Hackfleischkranz

Schwierigkeitsgrad: für Anfänger
Laktosefrei

Arbeitszeit: 20–30 Minuten
Gesamtzeit: 35–40 Minuten

Zutaten

½ rote oder 1 normale Zwiebel

Öl, Butter oder Margarine
(evtl. ohne Milchanteil) zum Anbraten und
Einfetten der Form

500 g Hackfleisch

120 g Cornflakes

2 Eier

2 EL Kräuter (frisch oder getrocknet,
z. B. Petersilie, Schnittlauch, Thymian)

1 TL Salz

etwas gemahlener Pfeffer

Zubereitung

Zwiebel würfeln. Fett erhitzen. Hackfleisch
und Zwiebelwürfel braun braten. Evtl. frische Kräuter hacken.
Napfkuchenform fetten. Cornflakes zerdrücken, Hackfleisch mit Cornflakes mischen, Eier aufschlagen und unterrühren.
Gewürze zur Hackfleischmasse geben, gut
durchrühren und die Masse in die Form
füllen. Auf mittlerer Schiene im Backofen
bei 190–200 °C, Umluft bei 170–180 °C für
15–20 Minuten backen, bis die Oberfläche
schön braun ist.

Fleischklöße in Soße

Schwierigkeitsgrad: für Fortgeschrittene
Kann auch laktosearm oder laktosefrei
zubereitet werden

**Arbeitszeit: 30–40 Minuten
Gesamtzeit: 1¼–1½ Stunden**

Zutaten

30 g Paniermehl

1 Zwiebel

500 g Hackfleisch

½ TL Salz

etwas gemahlener Pfeffer

evtl. 2 EL Kräuter (frisch oder getrocknet,
z. B. Thymian, Petersilie, Schnittlauch)

gekörnte Gemüsebrühe für 1¼ l Wasser

100 ml Milch (evtl. laktosearm oder Wasser)

2–2½ EL Mehl (kein Vollkornmehl)

evtl. 30 g grüne Kapern (aus dem Glas)

Zubereitung

Paniermehl in 100 ml Wasser einweichen.
Derweil die Zwiebel klein schneiden und
evtl. frische Kräuter hacken.

Hackfleisch mit Zwiebelwürfeln, Gewürzen und dem Paniermehl gut durchkneten. Bällchen formen und auf einem großen Teller ablegen.

1¼ l Wasser aufkochen und die gekörnte
Gemüsebrühe einrühren. Darin die Bäll-
chen je nach Größe 20–30 Minuten garen.
Inzwischen die Soße vorbereiten.

Das Mehl in die kalte Milch (oder in Wasser) geben, gut durchrühren oder schütteln, bis es sich ganz gelöst hat. 300 ml
von der Brühe abnehmen, in der die
Fleischklöße gegart wurden. Die Brühe
aufkochen, dann das gelöste Mehl zugeben und wieder aufkochen. Dabei ständig
rühren. Danach abschmecken und evtl.
nachwürzen. Wer mag, kann noch 30 g
Kapern zugeben.

Die Klöße mit einem Schaumlöffel aus
der Brühe nehmen und in die fertige Soße
geben.

TIPPS UND HINWEISE

Als Beilage eignen sich Reis und Kartoffelpüree (siehe Rezept S. 101) sowie grüner
Blattsalat.

Hackbällchen

Schwierigkeitsgrad: für Anfänger
Kann auch laktosearm oder laktosefrei
zubereitet werden

Arbeitszeit: 20–30 Minuten
Gesamtzeit: 50–60 Minuten

Zutaten

Backpapier

½ rote oder 1 weiße Zwiebel

evtl. 1 EL Thymian (frisch oder getrocknet)

evtl. 50 g Käse (z. B. Gouda, evtl. laktosearm)

500 g Hackfleisch

1 Ei

1 EL Paniermehl

1 TL Salz

½ TL Paprikapulver

etwas gemahlener Pfeffer

Zubereitung

Zwiebel klein schneiden. Evtl. frischen
Thymian hacken und den Käse reiben.
Das Hackfleisch mit Zwiebelwürfeln, Ei,
Paniermehl und Gewürzen mischen, dann
den Käse zugeben (bei laktosefreier Zubereitung weglassen). Masse zu Bällchen formen und auf das mit Backpapier ausgeleg-
te Blech setzen. Auf mittlerer Schiene bei
210–220 °C, Umluft bei 190–200 °C für ca.
25–30 Minuten backen, bis die Bällchen
braun sind. Dabei eine Schale mit Wasser
in den Ofen stellen.

Hackbraten mit Kruste

Schwierigkeitsgrad: für Anfänger
Laktosefrei

Arbeitszeit: 30–45 Minuten
Gesamtzeit: 1¼–1½ Stunden

Zutaten

1 Zwiebel

Öl, Butter oder Margarine (evtl. ohne
Milchanteil) zum Einfetten der Form

500 g Hackfleisch

2 Eier

35 g Paniermehl

½ TL Salz

½ TL gemahlener Pfeffer

½ TL granulierter Knoblauch

3 EL Kräuter (frisch oder getrocknet,
z. B. Thymian, Rosmarin, Petersilie,
Schnittlauch)

75 g Kartoffeln

Zubereitung

Zwiebel klein schneiden. Evtl. die frischen
Kräuter hacken. Auflaufform fetten, Hackfleisch mit Zwiebelwürfeln, 1 Ei, Paniermehl und Gewürzen durchkneten, in Kastenform füllen. Kartoffeln schälen, reiben,
mit dem zweiten Ei mischen und auf der
Oberfläche des Hackbratens verteilen. Auf
mittlerer Schiene im Backofen bei 210–
220 °C, Umluft bei 190–200 °C für 45–55
Minuten backen, bis die Kruste braun ist.

Gebackenes Knusperhähnchen

Schwierigkeitsgrad: für Fortgeschrittene
Laktosefrei

Arbeitszeit: 30–40 Minuten
Gesamtzeit: 1¼–1¾ Stunden

Zutaten

2 ganze Hähnchen à 1 kg (frisch oder
aufgetaut)

evtl. 1 EL Thymian (frisch oder getrocknet)

evtl. ½ EL Rosmarin (frisch oder getrocknet)

2 TL gemahlener Pfeffer

2 TL Salz

2 TL Paprikapulver

evtl. 1 TL geriebener Muskat

gekörnte Gemüsebrühe für 500 ml Wasser

Öl, Butter oder Margarine (evtl. ohne
Milchanteil) zum Einfetten der Form

Zubereitung

Die Hähnchen waschen und trocken tupfen.

Evtl. frische Kräuter fein hacken. Alle Gewürze in einem Schälchen gut mischen.
Die Hähnchen mit der Gewürzmischung
außen und innen einreiben.

½ l Wasser aufkochen, gekörnte Gemüsebrühe einrühren, evtl. Reste der Gewürzmischung dazugeben.

Auflaufform fetten. Beide Hähnchen hineinlegen und die Gemüsebrühe dazugie

ßen. Auf mittlerer Schiene im Backofen
bei 190–200 °C, Umluft bei 170–180 °C für
45–60 Minuten backen, dabei ab und zu
mit der Brühe begießen. Wenn die Haut
überall schön knusprig braun aussieht,
sind die Hähnchen fertig.

TIPPS UND HINWEISE

Mit der Gewürzmischung bestimmen Sie den
Geschmack der Hähnchen. Probieren Sie einen
höheren Kräuteranteil aus oder benutzen Sie
chinesische Gewürze. Ihrer Fantasie sind keine
Grenzen gesetzt.

Hähnchengeschnetzeltes

Schwierigkeitsgrad: für Anfänger
Laktosefrei

Arbeitszeit: 10–15 Minuten
Gesamtzeit: 20–30 Minuten

Zutaten

400–500 g Hähnchenbrustfilets
(frisch oder aufgetaut)
etwa ½ TL Salz
etwa ¼ TL gemahlener Pfeffer
etwa ¼ TL Paprikapulver
Öl, Butter oder Margarine (evtl. ohne
Milchanalteil) zum Braten

Zubereitung

Filets waschen und mit Küchenpapier trocken tupfen. In kleine Stücke schneiden
und würzen.
Fett erhitzen. Darin die Fleischstückchen
anbraten und dann bei geschlossenem Deckel in der Pfanne bei wenig Hitzezufuhr
weiter garen.

TIPPS UND HINWEISE

Für Geschnetzeltes in Soße gießen Sie Wasser
zum garen Fleisch und binden dann an
(siehe Rezept für gebundene Soßen S. 108).
Sie können auch klein geschnittenes Gemüse
zum angebratenen Fleisch geben und
dann alles zusammen garen.
Oder probieren Sie Geschnetzeltes mit Obst
(z. B. Ananas und Orangenstücken).
Diese geben Sie zum garen Fleisch und
erwärmen das Obst nur noch. Gut schmeckt
Geschnetzeltes auch mit Kräutern.

Putenbruststreifen mit Gemüse

Schwierigkeitsgrad: für Anfänger
Laktosefrei

**Arbeitszeit: 30–40 Minuten
Gesamtzeit: 1–1½ Stunden**

Zutaten

200 g grüne Bohnen (frisch oder aufgetaut)

300 g Brokkoli (frisch oder aufgetaut)

250 g Tomaten

400 g Putenbrust (frisch oder aufgetaut)

Öl, Butter oder Margarine (evtl. ohne
Milchanteil) zum Anbraten

1 TL Salz

1 TL granulierter Knoblauch

1 TL Paprikapulver

2 EL Kräuter (frisch oder getrocknet,
z. B. Petersilie, Schnittlauch, Basilikum)

Zubereitung

Frisches Gemüse waschen. Bohnen in kleine Stücke schneiden, Brokkoli in kleine Röschen zerteilen. Tomaten evtl. häuten, d. h., Schale einritzen, kurz auf einem Löffel in heißes Wasser halten und Schale abziehen. Dann die Tomaten klein schneiden.

Putenbrust waschen, trocken tupfen und in Streifen schneiden. Fett in einem Topf erhitzen, Putenbruststreifen darin anbraten, bis sie gerade nicht mehr rosa sind.

So viel Wasser zugießen, dass das Wasser etwa 1 cm hoch im Topf steht. Die Bohnen zufügen und ca. 5 Minuten dämpfen. Dann das restliche Gemüse zugeben und ca. 15 Minuten garen, bis es weich ist. Dabei ab und zu rühren und sicherstellen, dass der Topfboden immer mit Wasser bedeckt ist. Wenn das Gemüse gar ist, würzen, abschmecken und evtl. nachwürzen

TIPPS UND HINWEISE

Sie können auch Gemüse der Saison oder anderes Fleisch für dieses Gericht verwenden.

Zitronenhähnchen

Schwierigkeitsgrad: für Fortgeschrittene
Laktosefrei

> **Arbeitszeit: 30–40 Minuten**
> **Gesamtzeit: 1¼–1½ Stunden**

Zutaten

2 Hähnchen à 1 kg (frisch oder aufgetaut)

Öl, Butter oder Margarine (evtl. ohne
Milchanteil) zum Einfetten der Form

2 Biozitronen

1 TL Rosmarin (frisch oder getrocknet)

2–3 EL Mehl (kein Vollkornmehl)

1 TL Salz

½ TL geriebener Muskat

½ TL Paprikapulver

½ TL granulierter Knoblauch

3 EL Honig

Zubereitung

Hähnchen gründlich von innen und außen waschen und trocken tupfen. Die Auflaufform fetten.

Zitronen schälen, Fruchtfleisch und Schale klein schneiden. Evtl. den frischen Rosmarin hacken.

400 ml Wasser zum Kochen bringen. Mehl in 100 ml kaltem Wasser gut unterrühren, bis es sich vollständig gelöst hat, zum kochenden Wasser geben und unter ständigem Rühren aufkochen. Die geschnittenen Zitronenschalen zufügen, dann die Gewürze und den Honig.

Die Hähnchen mit dem Zitronenfruchtfleisch füllen und in die Auflaufform setzen. Die Flüssigkeit zugeben. Auf mittlerer Schiene im Backofen bei 190–200 °C, Umluft bei 170–180 °C für 45–60 Minuten backen, dabei ab und zu mit der Soße begießen. Wenn die Haut der Hähnchen überall schön knusprig braun aussieht, sind sie fertig.

> **TIPPS UND HINWEISE**
>
> Servieren Sie zum Zitronenhähnchen Reis und einen Rohkostsalat.

Gefüllte Ente

Schwierigkeitsgrad: für Fortgeschrittene
Laktosefrei

Arbeitszeit: 30–40 Minuten
Gesamtzeit: 2–3 Stunden

Zutaten

Öl, Butter oder Margarine (evtl. ohne
Milchanteil) zum Einfetten der Form
1 Ente à 2½–3 kg (frisch oder aufgetaut)
1 TL Salz
ca. ½ TL gemahlener Pfeffer
400 g Hackfleisch
1 Ei
4–6 TL Kräuter (frisch oder getrocknet,
z. B. Petersilie, Thymian, Kräuter der
Provence)

Zubereitung

Große Auflaufform fetten. Ente waschen,
trocken tupfen, mit ½ TL Salz und Pfeffer
bestreuen. Die Gewürze in die Haut reiben. Ente in die Form legen.

Evtl. frische Kräuter hacken. Hackfleisch
in einer Schüssel mit dem Ei, ca. ½ TL Salz
und den Kräutern verrühren und in die
Ente füllen.

Ente bei 180–200 °C je nach Größe für
1½–2½ Stunden backen, bis sie knusprig
braun ist. Am besten ein größeres Gefäß
mit Wasser in den Ofen stellen oder eine
mit Wasser gefüllte Fettpfanne hineinschieben. Wenn dies nicht möglich ist,
gießen Sie ab und zu die aus der Ente aus-
tretende Flüssigkeit mit einem Löffel über
die Ente. Dann wird die Haut knuspriger.

Vor dem Servieren holen Sie vorsichtig die
Füllung aus der Ente und legen sie ebenfalls auf eine Fleischplatte.

TIPPS UND HINWEISE

Sie können die Ente auch mit einem kleinen,
schmackhaften Apfel füllen. Wenn Sie Besuch
erwarten, schieben Sie zwei Enten in den
Ofen. Während die Enten braten, haben Sie
Zeit für Ihre Gäste.

Ente orientalisch

Schwierigkeitsgrad: für Anfänger
Laktosefrei

Arbeitszeit: 20–30 Minuten
Gesamtzeit: 1¼–1½ Stunden

Zutaten

1 Ente à 2½–3 kg (frisch oder aufgetaut)
Öl, Butter oder Margarine (evtl. ohne
Milchanteil) zum Einfetten der Form
2 TL gemahlener Pfeffer
½ TL gemahlene Nelken
1 TL geriebener Muskat
1½ TL Zimt
2 EL Honig

Zubereitung

Ente sorgfältig waschen und innen und
außen trocken tupfen. Große Auflaufform
einfetten.

Gewürzmischung aus Pfeffer, Nelken,
Muskat und Zimt herstellen. Die Ente
damit innen und außen einreiben, etwa
⅓ der Mischung zurückbehalten.

Die Ente in die Form legen und im Backofen auf der mittleren Schiene bei 190–
200 °C, Umluft bei 170–180 °C für 40 Minuten backen, dabei ab und zu mit dem
Bratensaft übergießen.

Die restliche Gewürzmischung in den Honig einrühren und die Ente damit innen
und außen bestreichen. Im Ofen etwa
15 Minuten weitergaren. Die Ente sollte
dann eine schöne braune Kruste haben.

TIPPS UND HINWEISE

Wenn Ihnen eine ganze Ente zu viel ist,
können Sie auch Entenbrust, Entenkeulen
oder ein Hähnchen auf diese Weise zubereiten. Dann verkürzt sich die Garzeit.

FISCHGERICHTE

Die besten Tipps für die Küche

Fisch gehört im Rahmen einer gesunden Ernährung ein- bis zweimal pro Woche auf den Speiseplan. Bei abgepacktem, tiefgefrorenem oder eingelegtem Fisch vergewissern Sie sich auf der Zutatenliste, ob der Fisch mariniert und die verwendete Marinade glutenfrei ist. Nur dann dürfen Sie den Fisch essen.

> **TIPPS UND HINWEISE**
>
> Naturbelassener Fisch ist glutenfrei.

Fisch lässt sich sehr einfach würzen und zubereiten. Reiben sie ihn nach dem Waschen und Trockentupfen innen mit Salz ein und füllen ihn nach Ihrem ganz persönlichen Geschmack mit Kräutern.

Danach können sie ihn grillen oder in Alufolie verpackt backen. Das ist vor allem für diejenigen, die auf ihr Gewicht achten müssen, cine kalorienärmere Zubereitungsart als die panierte und gebratene Variante.

Fisch, den Sie unpaniert in der Pfanne gebraten haben, können Sie kurz auf ein Küchenpapier legen und das Fett abtupfen. Dann ist er kalorienärmer. Wenn Sie

Fisch braten und dafür Öl oder Margarine verwenden wollen, vergewissern Sie sich, dass diese Fette auch zum Braten geeignet sind.

Im Prinzip können Sie fast alle „normalen" Rezepte für Fischgerichte auch glutenfrei zubereiten.

Bratfisch

Schwierigkeitsgrad: für Anfänger
Laktosefrei

Arbeitszeit: 30–40 Minuten

Zutaten

4–6 Fischfilets (frisch oder aufgetaut,
z. B. Seelachs, Scholle, Rotbarsch)
¼–½ TL Salz
evtl. 1–2 TL Kräuter (frisch oder getrocknet,
z. B. Petersilie, Kräuter der Provence)
50–100 g Paniermehl
1 Ei
Öl, Butter oder Margarine (evtl. ohne
Milchanteil) zum Braten

Zubereitung

Evtl. frische Kräuter hacken. Fischfilets
waschen und mit Küchenpapier trocken
tupfen.
Ei in einem Suppenteller aufschlagen, verquirlen, mit Salz und evtl. Kräutern vermischen. In den anderen Suppenteller eine
dicke Schicht Paniermehl füllen.
Fett in der Pfanne erhitzen. Jedes Filet von
beiden Seiten im Ei wälzen, danach im Paniermehl. Von beiden Seiten jeweils 5–10
Minuten braun braten.

Gedämpfter Fisch

Schwierigkeitsgrad: für Anfänger
Laktosefrei

Arbeitszeit: 25–30 Minuten

Zutaten

4 Fischfilets à ca. 100 g (frisch oder
aufgetaut, z. B. Seelachs, Scholle, Rotbarsch)
½ TL Salz
evtl. etwas gemahlener Pfeffer
evtl. 1 EL Kräuter (frisch oder getrocknet,
z. B. Petersilie, Schnittlauch)

Zubereitung

Evtl. frische Kräuter hacken. Fischfilets
waschen und trocken tupfen. Eine Pfanne
mit dicht schließendem Deckel (Dämpfpfanne) mit wenig Wasser füllen.
Fischfilets hineinlegen und ca. 10 Minuten garen, dabei mit dem Kochlöffel oder
dem Pfannenwender ab und zu vom Boden lösen, damit der Fisch nicht anbrennt.
Umdrehen und noch ca. 5 Minuten fertig
garen, bis das Filet gar ist.
Nach Geschmack würzen.

TIPPS UND HINWEISE

Zu gedämpftem Fisch passen gut Salzkartoffeln, frische Blattsalate oder gedämpfte
Bohnen, Möhren, Brokkoli oder Blumenkohl.

Überraschungslachs

Schwierigkeitsgrad: für Anfänger
Laktosefrei

Arbeitszeit: 15–20 Minuten
Gesamtzeit: 30–40 Minuten

Zutaten

4 Lachsfilets à ca. 125 g

Alufolie

2 TL Dill (frisch oder getrocknet)

2 TL Zitronensaft

etwas Salz

Zubereitung

Die Lachsfilets waschen, trocken tupfen und mittig auf ca. 25 cm lange Alufolienstücke legen. Frischen Dill hacken. Zitrone auspressen. Jedes Filet mit je ½ TL Dill, ½ TL Zitronensaft und Salz würzen. Die Alufolie zusammenschlagen, sodass die Lachsstücke fast luftdicht eingepackt sind. Verpackte Lachsstücke auf einen Rost legen. Auf mittlerer Schiene im Backofen bei 190–200 °C, Umluft bei 170–180 °C für 12–15 Minuten garen.

TIPPS UND HINWEISE

Zum Servieren legen Sie die verpackten Lachsstücke einzeln auf die Teller und dekorieren mit einer Zitronenscheibe und frischen Kräutern.

Gegrillte Makrelen

Schwierigkeitsgrad: für Anfänger
Laktosefrei

Arbeitszeit: 10–20 Minuten
Gesamtzeit: 35–45 Minuten
(je nach Art des Grillens)

Zutaten

Alufolie

Öl zum Einfetten der Alufolie

4 ganze, ausgenommene Makrelen
(frisch oder aufgetaut)

1½ TL Salz

½ TL gemahlener Pfeffer

½ TL granulierter Knoblauch

2 TL Zitronensaft

Zubereitung

Vier Stücke Alufolie so groß zuschneiden, dass der Fisch darin eingepackt werden kann. Folie mit Öl einpinseln. Makrelen sorgfältig innen und außen waschen und trocken tupfen.

Aus den Gewürzen und dem Zitronensaft eine Mischung herstellen und in die Bauchhöhlen der Fische reiben. Die Fische auf die Alufolie legen und verpacken. Wie gewohnt grillen.

TIPPS UND HINWEISE

Noch besser schmecken die Makrelen, wenn
Sie sie mit einer Mischung aus 4 EL gekörntem
Frischkäse und 3 EL Kräutern füllen.
Sie können auch andere ganze Fische
(z. B. Forellen) auf diese Weise zubereiten.

Fisch im Kartoffelbett

Schwierigkeitsgrad: für Anfänger
Kann auch laktosearm oder laktosefrei
zubereitet werden

Arbeitszeit: 45–60 Minuten
Gesamtzeit: 1¼–1½ Stunden

Zutaten

400 g Kartoffeln

1 TL Salz

½ rote oder 1 weiße Zwiebel

50 g geräucherter Schinken

500 g Fischfilets (frisch oder aufgetaut,
z. B. Hering, Makrele)

100 ml Milch (evtl. laktosefrei oder Wasser)

2–3 EL Mehl (kein Vollkornmehl)

3 EL Kräuter (frisch oder getrocknet,
z. B. Thymian, Petersilie, Schnittlauch, Dill)

etwas gemahlener Pfeffer

Fett zum Einfetten der Form

Zubereitung

Kartoffeln schälen, in Scheiben schneiden und in Wasser mit ½ TL Salz kochen. Währenddessen die anderen Zutaten vorbereiten.

Zwiebel würfeln, geräucherten Schinken klein schneiden. Die Fischfilets waschen und trocken tupfen. Evtl. die frischen Kräuter hacken.

300 ml Wasser und 100 ml Milch (oder Wasser) zum Kochen bringen. Das Mehl in 100 ml kaltes Wasser einrühren oder in einem Mixbecher mit gut schließendem Deckel schütteln, bis das Mehl ganz gelöst ist. Dann in die kochende Flüssigkeit geben, unter Rühren kurz aufkochen lassen. ½ TL Salz und Gewürze zufügen.

Auflaufform fetten, Kartoffeln, Fischfilets, Zwiebelwürfel und Schinkenwürfel hineinschichten und die Soße darübergießen. Auf mittlerer Schiene im Backofen bei 190–200 °C, Umluft bei 170–180 °C für ca. 30 Minuten backen, bis die Kartoffeln gebräunt sind.

TIPPS UND HINWEISE

Für Gäste können Sie den Auflauf auch in Pergamentpapierschälchen zubereiten. Drehen Sie dafür für jede Person ein ca. 40 cm langes Butterbrotpapierstück wie ein Bonbon auf beiden kurzen Seiten zusammen.

Lachs-Spinat-Lasagne

Schwierigkeitsgrad: für Anfänger
Kann auch laktosearm oder laktosefrei
zubereitet werden

Arbeitszeit: 20–30 Minuten
Gesamtzeit: 1–1¼ Stunden

Zutaten (für eine Form, ca. 29 x 22 cm)

500 g Lachsfilets (frisch oder aufgetaut)
Öl, Butter oder Margarine (evtl. ohne
Milchanteil) zum Einfetten der Form
gekörnte Gemüsebrühe für 500 ml Wasser
2–3 EL Mehl (kein Vollkornmehl)
1 EL Kräuter (frisch oder getrocknet,
z. B. Petersilie, Schnittlauch, Basilikum)
½ TL Salz
etwas gemahlener Pfeffer
700 g aufgetauter Blattspinat
300–400 g Lasagne-Blätter
ca. 200 g Käse (z. B. Gouda, evtl. laktosearm)

Zubereitung

Den Lachs in Streifen schneiden. Die Auflaufform fetten. Evtl. die frischen Kräuter hacken.

550 ml Wasser aufkochen, gekörnte Gemüsebrühe zugeben. Währenddessen das Mehl in 100 ml kaltes Wasser einrühren oder in einem Mixbecher schütteln, bis das Mehl vollständig gelöst ist. Dann zur Flüssigkeit geben, aufkochen lassen, würzen, abschmecken und evtl. nachwürzen.

Zutaten in die Auflaufform schichten, dabei zwischendrin immer wieder mit Soße auffüllen: Zunächst eine Lage Lasagne-Blätter, dann die Hälfte des Blattspinats, wieder Lasagne-Blätter, darauf den gesamten Lachs, dann Lasagne-Blätter und restlichen Blattspinat, mit einer Lage Käse abschließen. Bei laktosefreier Zubereitung den Käse weglassen, dafür die Lasagne, sobald sie oben anfängt, braun zu werden, mit einer Alufolie abdecken und weitergaren.

Auf der mittleren Schiene im Backofen bei 210–220 °C, Umluft bei 190–200 °C für 30–40 Minuten backen. Sollte zu Anfang nicht die gesamte Lasagne mit Soße bedeckt sein, nach etwa 10 Minuten vorsichtig mit einem Esslöffel auf die Oberfläche drücken, sodass die Schichten zusammenrutschen.

Fischauflauf

Schwierigkeitsgrad: für Anfänger
Kann auch laktosearm oder laktosefrei
zubereitet werden

> **Arbeitszeit: 15–20 Minuten**
> **Gesamtzeit: 40–50 Minuten**

Zutaten

700 g Gemüse (z. B. Blumenkohl, Brokkoli,
Möhren)

500 g Fischfilets (z. B. Seelachs, Rotbarsch,
Schellfisch, Pangasius)

100 ml Milch (evtl. laktosearm oder Wasser)

2–3 EL Mehl (kein Vollkornmehl)

3 EL Kräuter (frisch oder getrocknet,
z. B. Petersilie, Schnittlauch, Dill)

1 TL granulierter Knoblauch

1 TL Salz

Öl, Butter oder Margarine (evtl. ohne
Milchanteil) zum Einfetten der Form

Zubereitung

Gemüse und Fischfilets waschen. Filets
trocken tupfen. Gemüse und Filets in kleine Stücke schneiden. Evtl. die frischen
Kräuter hacken.

400 ml Wasser und 100 ml Milch (oder
Wasser) aufkochen, das Mehl in 100 ml
kaltem Wasser lösen oder in einem Mixbecher gut schütteln, bis es sich ganz gelöst
hat. Das gelöste Mehl in die kochende
Flüssigkeit geben und unter Rühren kurz

aufkochen lassen. Mit Kräutern, Knoblauch und Salz würzen, abschmecken und
evtl. nachwürzen.

Die Auflaufform einfetten. Fischfiletstücke
und Gemüsestücke hineinlegen und mit
der Soße übergießen. Auf der mittleren
Schiene im Backofen bei 190–200 °C, Umluft bei 170–180 °C für 25–30 Minuten backen, bis das Gemüse gar ist. Zum Testen
hineinstechen oder probieren.

> **TIPPS UND HINWEISE**
>
> Zum Fischauflauf passen gut Salzkartoffeln
> oder Hirse. Wenn Sie Gäste zum Essen
> erwarten, verdoppeln Sie die Zutaten und
> backen den Auflauf in einer Fettpfanne.

BEILAGEN

Die besten Tipps für die Küche

Nach der Diagnose Zöliakie kommt schnell die Befürchtung, dass man keine Nudeln mehr essen darf – womöglich überhaupt keine Beilagen mehr erlaubt sind. Aber: Kartoffeln und Reis sind glutenfrei, außerdem gibt es viele glutenfreie Nudelsorten von verschiedenen Herstellern. Da glutenfreie Nudeln leicht aneinanderkleben, sollten sie in reichlich Wasser (2–2½ l) kochen. Geben Sie 1 TL Öl ins Kochwasser und rühren ab und zu um. Nudeln für einen Nudelsalat oder Auflauf bereiten Sie lieber frisch zu, weil manche Nudelsorten nicht mehr gut schmecken, wenn sie länger stehen.

TIPPS UND HINWEISE

Die gute Nachricht lautet: Es sind fast alle Beilagen erlaubt!

Sie sollten darauf achten, Vollkornnudeln und Naturreis zu kochen, zumindest ab und zu. Viele Menschen mögen zwar solche Vollkornprodukte nicht, trotzdem empfehlen wir Ihnen diese. Sie sind wichtig für eine ausreichende Versorgung mit B-Vitaminen, die nicht nur für Zöliakie-betroffene oft unzureichend ist. Versuchen Sie, sich an den Geschmack zu gewöhnen. Das Essen schmeckt einfach herzhafter.

Für das Kochen von Naturreis gibt es eine einfache Regel. Wenn Sie die doppelte Menge Wasser (z. B. 2 Tassen) zum Reis (z. B. 1 Tasse) geben, nimmt der Reis alles Wasser auf und Sie brauchen den Reis nicht mehr abzugießen.

Es gibt aber auch Beilagen, die hervorragend schmecken, aber nicht so bekannt sind: z. B. Hirse und Quinoa. Lesen Sie beim Kauf genau die Beschriftung und achten Sie darauf, dass Sie nicht mit Gluten verunreinigt sind. Oft kann man solche reinen Produkte nur im Reformhaus kaufen oder über das Internet bestellen. Auch bei Hirse oder Quinoa sollten Sie zu ungeschälten Produkten greifen.

Dämpfkartoffeln

Schwierigkeitsgrad: für Anfänger
Laktosefrei und vegetarisch

Arbeitszeit: 30–40 Minuten
Gesamtzeit: 50–60 Minuten

Zutaten

400 g Kartoffeln

evtl. 2 EL Kräuter (frisch oder getrocknet,
z. B. Petersilie, Schnittlauch)

1–1½ TL Salz

etwas gemahlener Pfeffer

Zubereitung

Die Kartoffeln schälen und in dünne Scheiben schneiden. Evtl. die frischen Kräuter hacken.
Eine Pfanne mit dicht schließendem Deckel mit ein wenig Wasser füllen, sodass der Boden bedeckt ist. Die Kartoffeln darin etwa 20 Minuten dämpfen, bis sie weich sind. Dabei ab und zu umrühren und sicherstellen, dass der Boden der Pfanne immer mit Wasser bedeckt ist. Mit Salz, Pfeffer und Kräutern nach Geschmack würzen, umrühren und in einer Schüssel servieren.

Röstkartoffeln

Schwierigkeitsgrad: für Anfänger
Laktosefrei und vegetarisch

Arbeitszeit: 30–40 Minuten
Gesamtzeit: 50–60 Minuten

Zutaten

500 g Kartoffeln

Backpapier

2 EL Maisgrieß

2 TL Öl

1½ TL Salz

¼ TL gemahlener Pfeffer

Zubereitung

Kartoffeln schälen und in Scheiben schneiden. Ein Backblech mit Backpapier auslegen.
Kartoffelscheiben mit den übrigen Zutaten sorgfältig vermischen und auf dem Backblech ausbreiten. Auf der mittleren Schiene im Backofen bei 190–200 °C, Umluft bei 170–180 °C für 25–30 Minuten backen, sodass die Kartoffelscheiben schön knusprig sind.

TIPPS UND HINWEISE

Röstkartoffeln lassen sich auch in größeren Mengen auf mehreren Blechen gleichzeitig im Backofen zubereiten.

Gefüllte Kartoffeln

Schwierigkeitsgrad: für Anfänger
Können auch laktosearm zubereitet werden,
vegetarisch

Arbeitszeit: 30–40 Minuten
Gesamtzeit: 55–65 Minuten

Zutaten

500 g Kartoffeln

250 g aufgetauter Blattspinat

125 g Magerquark (evtl. laktosearm)

4 EL Kräuter (frisch oder getrocknet,

z. B. Petersilie, Schnittlauch, Basilikum)

1 TL Salz

1 TL granulierter Knoblauch

Backpapier

50–80 ml Milch (evtl. laktosearm)

Zubereitung

Kartoffeln waschen und als Pellkartoffeln kochen. Gare Kartoffeln abgießen und abkühlen lassen. Währenddessen die anderen Zutaten vorbereiten.

Den Blattspinat in wenig Wasser in der Dämpfpfanne ca. 5 Minuten garen. Evtl. die frischen Kräuter hacken. Den Quark mit 3 EL Kräutern, ½ TL Salz und Knoblauch würzen und den Blattspinat unterrühren. Ein Backblech mit Backpapier auslegen.

Kartoffeln halbieren. Die Hälften am besten mit einem Kiwilöffel aushöhlen, sodass eine Wand von ½–1 cm Dicke stehenbleibt. Die Kartoffelmasse aufheben. Die Blattspinatfüllung in die Mulden legen. Die Kartoffeln auf das Backblech setzen. Auf mittlerer Schiene im Backofen bei 190–200 °C, Umluft bei 170–180 °C für 10–15 Minuten backen, bis die Füllung brodelt.

Währenddessen die Kartoffelmasse stampfen und so viel Milch zugeben, bis die gewünschte Püreekonsistenz erreicht ist. Mit 1 EL Kräutern und ½ TL Salz würzen.

TIPPS UND HINWEISE

Sie können statt Blattspinat auch Tomatenstückchen und statt Quark gekörnten Frischkäse verwenden.

Kartoffelklöße

Schwierigkeitsgrad: für Fortgeschrittene
Laktosefrei und vegetarisch

Arbeitszeit: 35–45 Minuten
Gesamtzeit: 1¾–2 Stunden

Zutaten

400 g Kartoffeln

2 TL Salz

1 Ei

evtl. 1–2 TL Petersilie (frisch oder
getrocknet)

50 g Mehl für alle Kochanwendungen
von Schär

½ TL Johannisbrotkernmehl

½–1 EL Öl

TIPPS UND HINWEISE

Sie können auch kleine Stückchen mageren
Speck oder geräucherten Schinken in den Teig
mischen, dann nur etwa ½ TL Salz in den Teig
geben.

Zubereitung

Kartoffeln schälen, waschen, in kleine
Stücke schneiden, in Wasser mit ½ TL Salz
gar kochen. Evtl. frische Petersilie hacken.

Kartoffeln mit einem Kartoffelstampfer
oder einer Gabel zerdrücken, das Ei unterrühren. Etwa 1 TL Salz, evtl. Petersilie hinzufügen und rühren.

Mehl einwiegen, mit dem Johannisbrotkernmehl mischen. Diese Mischung zu
der Kartoffelmischung geben, erst mit einem Kochlöffel rühren, dann kneten. Der
Teig muss gut zusammenkleben, sonst
müssen Sie noch etwas Wasser zugeben.
Klebt der Teig zu sehr an den Händen,
kneten Sie etwas Mehl unter.

In einem großen Topf etwa 2–2½ l Wasser
mit etwa ½ TL Salz und Öl zum Kochen
bringen. Eine kleine Untertasse verkehrt
herum auf den Boden der Servierschüssel
legen, damit die Klöße später weiter darin
abtropfen können.

Mit bemehlten Händen Kugeln formen
und im kochenden Salzwasser ziehen lassen, bis die Klöße an die Oberfläche steigen. Die Klöße mit einem Schaumlöffeln
herausnehmen und in die vorbereitete
Schüssel geben.

Kartoffelpüree

Schwierigkeitsgrad: für Anfänger
Kann laktosearm oder laktosefrei zubereitet werden

**Arbeitszeit: 15–30 Minuten
Gasamtzeit: 45–60 Minuten**

Zutaten

500–700 g Kartoffeln

½ TL Salz

75–100 ml Milch (evtl. laktosearm oder Gemüsebrühe)

evtl. 1–2 TL Kräuter (frisch oder getrocknet, z. B. Petersilie, Schnittlauch)

evtl. etwas geriebener Muskat

Zubereitung

Kartoffeln schälen, waschen, in kleine Stücke schneiden und in Wasser mit ca. ½ TL Salz gar kochen. Evtl. frische Kräuter hacken. Evtl. Gemüsebrühe vorbereiten.
Die Kartoffeln abgießen und mit einem Kartoffelstampfer oder einer Gabel zerdrücken. 75–150 ml Milch (evtl. laktosearm oder Gemüsebrühe) zugeben und durchrühren, bis die Cremigkeit des Pürees nach Ihrem Geschmack ist. Nach Geschmack mit Kräutern oder Muskat würzen.

Hirse auf südamerikanische Art

Schwierigkeitsgrad: für Anfänger
Laktosefrei und vegetarisch

**Arbeitszeit: 5–10 Minuten
Gesamtzeit: 30–35 Minuten**

Zutaten

50 g Hirse

½ TL Salz

60 g rote Linsen

etwas Salz

etwas gemahlener Pfeffer

Zubereitung

350 ml Wasser aufkochen, dann die Hirse und Salz zufügen und 15 Minuten kochen lassen. Die Linsen einrühren und noch einmal etwa 15 Minuten kochen lassen, bis die Hirse und die Linsen weich sind. Dann würzen, abschmecken und evtl. nachwürzen.

TIPPS UND HINWEISE

Wenn es schnell gehen muss, verwenden Sie schnell kochende Hirse. Diese müssen Sie insgesamt nur 15 Minuten garen, fügen Sie deshalb die Linsen gleich hinzu.

Reisvariationen

Schwierigkeitsgrad: für Anfänger

Laktosefrei und vegetarisch

> **Arbeitszeit: 20–30 Minuten**
> **Gesamtzeit: 40–50 Minuten**

Zutaten

150 g Naturreis

gekörnte Gemüsebrühe für 300 ml Wasser

Für Kräuterreis

4 EL Kräuter (frisch oder getrocknet,

z. B. Petersilie, Schnittlauch, Basilikum)

Für Tomatenreis

2–3 Tomaten

1 EL Basilikum (frisch oder getrocknet)

Für Gemüsereis

evtl. ½ Paprikaschote und ca. 80 g Gemüse-mais (aus der Dose)

evtl. 100–150 g Brokkoli (frisch oder aufgetaut)

1 EL Kräuter (frisch oder getrocknet,

z. B. Petersilie, Schnittlauch, Basilikum)

Für Bananenreis

1 Banane

¼–½ TL Currypulver

Zubereitung

Evtl. frische Kräuter hacken, Gemüse waschen und klein schneiden, Mais abtropfen lassen, Banane schälen und in Scheiben schneiden.

300 ml Wasser zum Kochen bringen, gekörnte Gemüsebrühe und Reis zugeben. Evtl. die Tomaten- oder die Bananenstücke zugeben. 15 Minuten kochen lassen.

Nach dieser Zeit evtl. das Gemüse zugeben und weitere 15 Minuten kochen lassen. Evtl. die Kräuter und Gewürze zugeben und unterrühren.

> **TIPPS UND HINWEISE**
>
> Sie können den Reis auch geformt servieren. Dafür fügen Sie zum Reis 1 Ei und evtl. etwas geriebenen Käse zu, rühren gut durch, füllen den Reis in kleine, gefettete Formen oder hitzefeste Schälchen und backen diese im Backofen 210–220 °C, Umluft 190–200 °C für 10–15 Minuten. Den Reis vorsichtig auf die Essteller stürzen und sofort servieren.

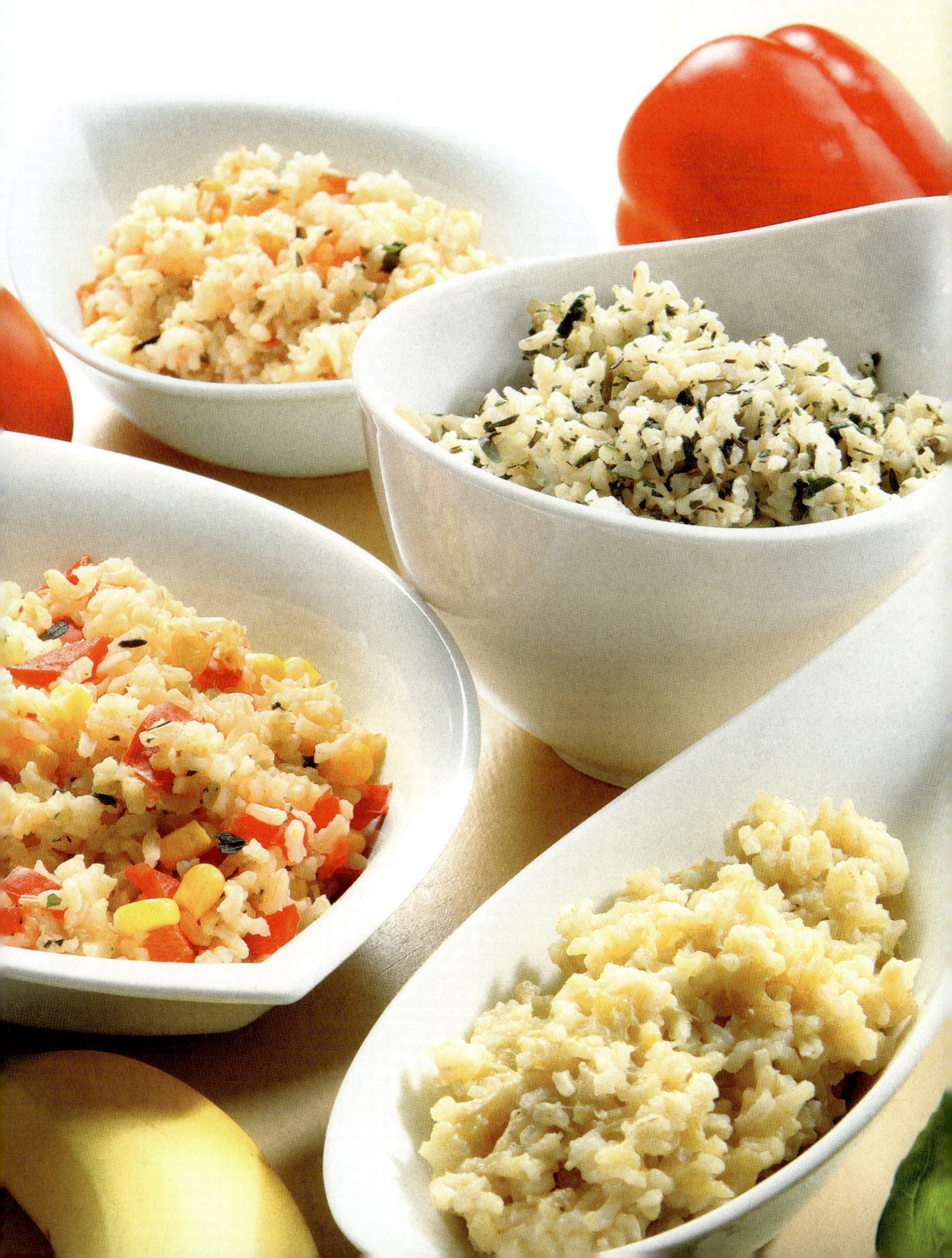

Spätzle

Schwierigkeitsgrad: für Profis
Laktosefrei und vegetarisch
Für die Zubereitung brauchen Sie eine
Spätzlepresse

Arbeitszeit: 45–60 Minuten

Zutaten

160 g Mehl für alle Kochanwendungen
von Schär
170 g Mehl-Mix Plus von Hammermühle
1¼ TL Salz
½–1 EL Öl
2 Eier

Zubereitung

Mehl einwiegen, mit ¾ TL Salz mischen.

In eine Servierschüssel eine kleine Untertasse verkehrt herum auf den Boden legen,
damit die Spätzle darin weiter ablaufen
können. Schüssel in den Backofen bei 50–
60 °C stellen.

In einem großen Topf 2–2½ l Wasser mit
½ TL Salz und Öl zum Kochen bringen
und bei geringer Hitzezufuhr am Kochen
halten. Währenddessen den Teig vorbereiten.

Eier zur Mehlmischung geben und nach
und nach etwa ¼ l Wasser. Dabei den Teig
immer wieder gut durchrühren, das Mehl
muss sich gut lösen. Der fertige Teig muss
dickflüssig sein. Mit einem Soßenlöffel
den Teig in die Spätzlepresse füllen. Spätzle ins kochende Wasser drücken. Wenn die
Spätzle nach oben steigen, mit einem
Schaumlöffel herausnehmen und in die
vorgewärmte Schüssel geben. Nach und
nach den gesamten Teig verarbeiten.

TIPPS UND HINWEISE

Spätzle schmecken gut zu Fleisch und Salat.
Bereiten Sie das Fleisch vorher zu und halten
Sie es warm. Die Zubereitung der Spätzle ist
nicht schwierig. Da Sie die ganze Zeit mit
Pressen und Herausnehmen beschäftigt sind,
holen Sie sich besser Hilfe aus der Familie.
Die fertigen Spätzle kann man auch portio-
niert einfrieren und nach dem Auftauen in der
Pfanne anbraten.

Schupfnudeln

Schwierigkeitsgrad: für Fortgeschrittene
Laktosefrei und vegetarisch

> **Arbeitszeit: 1¼–1¾ Stunden**
> **Gesamtzeit: 1¾–2¼ Stunden**

Zutaten

500 g kleine Kartoffeln

¾–1 TL Salz

½–1 EL Öl

2 Eier

evtl. etwas geriebener Muskat

150 g Mehl für alle Kochanwendungen
von Schär

Zubereitung

Kartoffeln waschen und als Pellkartoffeln kochen, abkühlen lassen, pellen und in einer Schüssel zerdrücken.

In einem großen Topf 2–2½ l Wasser mit etwa ½ TL Salz und Öl zum Kochen bringen. Das Wasser bei geringer Hitzezufuhr weiterkochen lassen. Währenddessen ein sauberes Geschirrtuch auf dem Küchentisch ausbreiten und den Teig vorbereiten. Die zerdrückten Kartoffeln mit Eiern, ¼ TL Salz, evtl. Muskat und dem Mehl gut durchrühren, dann kneten. Der Teig muss zusammenhalten und klebt etwas an den Händen. Deshalb beim Arbeiten immer wieder die Hände bemehlen.

Aus dem Teig etwa 4–5 cm lange und 1–2 cm dicke Rollen formen und sofort in das kochende Wasser geben. Wenn die Schupfnudeln an die Oberfläche steigen, werden sie mit einem Schaumlöffel herausgenommen und zum Trocknen auf das Geschirrtuch gelegt. Bitte darauf achten, dass sich die Schupfnudeln nicht berühren, sonst kleben sie aneinander.

> **TIPPS UND HINWEISE**
>
> Schupfnudeln werden in der Pfanne gebraten und mit heißem Sauerkraut und angebratenem Speck serviert. Sie schmecken aber auch gut, wenn man sie mit anderem garen Gemüse, z. B. Brokkoli und Blumenkohl, mischt und etwas saure Sahne oder Crème fraîche darüberverteilt. Sie eignen sich auch gut als Beilage zu Fleisch, z. B. Gulasch oder Braten.

SOSSEN UND DIPS

Die besten Tipps für die Küche

Für manche ist eine gute Soße das i-Tüpfelchen auf einem guten Essen. Andere wiederum können nicht verstehen, warum man überhaupt über das schmackhafte Essen noch eine Soße gießen soll. Auf jeden Fall können Sie auch mit Zöliakie Soßen genießen.

Grundsätzlich gilt für die Bindung aller Soßen (wie auch früher mit Weizenmehl), dass man sehr sorgfältig arbeiten und rühren muss, damit sich keine Klümpchen bilden. Zum Anrühren des Bindemittels eignet sich ein Mixbecher mit einem gut schließenden Deckel, am besten mit einer Skala. Darin kann man die Flüssigkeit gleich abmessen, das Bindemittel zugeben und bei geschlossenem Deckel gut schütteln. Das geht besser als das Rühren mit einem Schneebesen.

> **TIPPS UND HINWEISE**
>
> Auch mit Zöliakie dürfen Sie Soßen genießen.

Zum Binden eignen sich viele Mehle, z. B. Mehl für alle Kochanwendungen von Schär, Mais- oder Reismehl. Vollkornmehle eignen sich meistens nicht. Die Mehle muss man in kalter Flüssigkeit anrühren. Wenn Sie glutenfreie Soßenbinder verwenden, halten Sie sich stets an die Anleitungen der Hersteller. Beim Anschwitzen glutenfreier Mehle müssen Sie ständig und sehr sorgfältig rühren. Manche können dabei jedoch einen bitteren Geschmack entwickeln. Dann probieren Sie zum Anschwitzen ein anderes Mehl aus.

Auch Bratensaft pur kann man als Soße verwenden. Gemüse, das schonend gegart wurde, braucht nicht unbedingt eine Soße. Es schmeckt auch pur hervorragend.

Natürlich können Sie als Zöliakiebetroffene auch Pasta essen. Kochen Sie glutenfreie Nudeln und Ihre eigenen Pastasoßen. Wir haben die Nudelsoßen nur zur Hälfte mit Sahne zubereitet, damit sie weniger fett sind. Sie können aber auch Ihre alten Soßenrezepte verwenden und die Soße nur anders binden (siehe Grundrezept gebundene Soßen).

Kalte Dips für Ihre Grillparty oder ein Büfett lassen sich auf Grundlage von Quark oder pürierten Tomaten ganz leicht herstellen. Ihrer Kreativität sind dabei keine Grenzen gesetzt.

Ungebundene Soßen

Schwierigkeitsgrad: für Anfänger
Laktosefrei und vegetarisch

Arbeitszeit: 30–60 Minuten

Zutaten (für 250 ml)

Für die Zwiebelsoße

4 kleine Zwiebeln

1–1½ EL Öl, Butter oder Margarine
(evtl. ohne Milchanteil) zum Anbraten

evtl. gekörnte Gemüsebrühe für 250 ml
Flüssigkeit

evtl. ¼–½ TL Salz

etwas gemahlener Pfeffer

Für die Tomatensoße

500 g frische oder 250 ml passierte Tomaten

evtl. gekörnte Gemüsebrühe für 250 ml
Flüssigkeit

¼–½ TL Salz

etwas gemahlener Pfeffer und Paprikapulver

evtl. 1 TL Kräuter (frisch oder getrocknet,
z. B. Petersilie, Kräuter der Provence)

Zubereitung

Für die Zwiebelsoße Zwiebeln möglichst klein schneiden, in Fett anbraten, bis sie braun sind. 250 ml Wasser zugeben und zum Kochen bringen.

Für die Tomatensoße evtl. frische Kräuter hacken. Frische Tomaten waschen, in kleine Stücke schneiden und in wenig Wasser mit ca. ¼ TL Salz weich kochen. Dann mithilfe eines Löffels durch einen feinen Durchschlag in einen Topf drücken, auf ca. 250 ml auffüllen und zum Kochen bringen. Wenn Sie nicht so viel Zeit haben, können Sie auch einfach 250 ml passierte Tomaten erhitzen.

Die kochende Soße mit Salz, Pfeffer, evtl. auch mit Paprika und Kräutern würzen. Evtl. gekörnte Gemüsebrühe zugeben und dafür weniger Salz. Schmecken Sie die Soße ab und würzen Sie nach, damit sie ganz nach Ihrem Geschmack ist.

TIPPS UND HINWEISE

Sie können die Zwiebelsoße auch mit etwas Weißwein zubereiten. Die Tomatensoße schmeckt auch gut, wenn Sie zum Schluss ½–1 EL saure Sahne oder Crème fraîche unterrühren.

Gebundene Soßen

Schwierigkeitsgrad: für Anfänger
Können laktosearm oder laktosefrei zubereitet
werden

Arbeitszeit: 15–30 Minuten

Zutaten (für 250 ml)

Für die helle Soße

evtl. 1 EL Butter oder Margarine (evtl. ohne
Milchanteil)

100 ml Milch (evtl. laktosearm oder Wasser)

Für die dunkle Soße

evtl. Bratensaft

evtl. 1–2 EL Butter oder Margarine (evtl.
ohne Milchanteil)

Zum Verfeinern und Würzen

evtl. gekörnte Gemüsebrühe für 250 ml
Flüssigkeit

¼–1 TL Salz

etwas gemahlener Pfeffer

evtl. etwas Paprikapulver

evtl. 1–1½ TL Kräuter (frisch oder getrocknet,
z. B. Petersilie, Schnittlauch, Kräuter der
Provence, Dill, Basilikum, Minze)

evtl. ½–1 kleine Zwiebel

evtl. etwas Knoblauch (frisch oder granuliert)

evtl. etwas Weißwein

evtl. 1–2 TL Kräuteressig oder Zitronensaft
und etwas Zucker

evtl. 1–2 EL süße oder saure Sahne zum
Verfeinern oder bis zu 100 ml Flüssigkeit
durch Sahne ersetzen

Möglichkeiten zum Andicken

1–1½ EL Mehl (z. B. Maismehl, Reismehl,
Mehl für alle Kochanwendungen von Schär,
kein Vollkornmehl)

1–2 EL Speisestärke

2–3 EL Mondamin-Soßenbinder

½–1 TL Guarkernmehl

Zubereitung

Vorbereitung: Evtl. Zwiebeln oder frischen Knoblauch schneiden, Zitrone auspressen und frische Kräuter hacken.

Helle Soße: Wenn Sie mögen, zerlassen
Sie die Butter oder Margarine. Diesen
Schritt können Sie auch weglassen, wenn
Sie fettärmer essen wollen. 100 ml Milch
oder saure Sahne (evtl. laktosearm oder alternativ Wasser) und 100–150 ml Wasser
gut verrühren und zum Kochen bringen.
Die Wassermenge richtet sich nach der Art
des Andickens. Bei manchen Bindungen
wird das Bindemittel extra in kaltem Wasser angerührt (siehe unten). Dann muss
man die entsprechende Flüssigkeitsmenge
zurückbehalten. Während des Aufkochens
nach Ihrem Geschmack würzen und kalt
anzurührendes Bindemittel lösen.

Dunkle Soße: 1–2 EL Butter zerlassen und
1–1½ EL Mehl darin unter ständigem Rühren bräunen. Nach und nach unter Rühren 200–250 ml Flüssigkeit zugeben oder

vorhandenen Bratensaft auf 200–250 ml auffüllen. Die Flüssigkeitsmenge richtet sich nach der Art des Andickens. Bei manchen Bindungen wird das Bindemittel extra in kaltem Wasser angerührt (siehe unten). Dann muss man die entsprechende Flüssigkeitsmenge zurückbehalten. Die Flüssigkeit zum Kochen bringen. Während dieser Zeit würzen und kalt anzurührendes Bindemittel lösen.

Andicken: Mehl wird in 50 ml kalter Flüssigkeit gelöst. Dann das gelöste Mehl in die kochende Flüssigkeit geben und unter Rühren aufkochen.

Speisestärke wird direkt in die kochende Flüssigkeit gegeben und zügig mit einem Schneebesen eingerührt. Aufkochen lassen.

Mondamin-Soßenbinder wird in 50 ml kalter Flüssigkeit gelöst. Diese Lösung in die kochende Flüssigkeit gießen und unter Rühren aufkochen lassen.

Guarkernmehl wird ganz vorsichtig auf die Oberfläche der kalten Flüssigkeit gerieselt und die Soße unter ständigem Rühren mit dem Schneebesen aufgekocht.

TIPPS UND HINWEISE

Schmecken Sie die Soße nach dem Andicken noch einmal ab. Die Bindemittel können den Geschmack der Gewürze beeinflussen.

Frischkäsesoße für Pasta

Schwierigkeitsgrad: für Anfänger
Kann laktosearm zubereitet werden, vegetarisch

Arbeitszeit: 20–30 Minuten

Zutaten (für 250 ml)

gekörnte Gemüsebrühe
für 250 ml Flüssigkeit
100 g Frischkäse (evtl. laktosearm)
Bindemittel für die Soße (siehe Rezept für gebundene Soßen S. 108)

Zubereitung

200–250 ml Wasser aufkochen. Die Flüssigkeitsmenge richtet sich nach Art der Bindung. Dann Brühe zufügen. Soße binden wie im Rezept für gebundene Soßen auf S. 108 beschrieben. Den Frischkäse sorgfältig unterrühren und sofort servieren. Die Soße sollte nicht noch einmal aufkochen.

TIPPS UND HINWEISE

Man kann die Soße auch mit gekochtem Schinken oder Mais verfeinern.

Einfache Sahnesoße/ Lachs- und Schinkensahnesoße

Schwierigkeitsgrad: für Anfänger
Kann auch laktosearm zubereitet werden

Arbeitszeit: 15–30 (45–60) Minuten

Zutaten (für 250 ml)

Für die Grundsoße

100–125 ml Sahne (evtl. laktosearm)

evtl. gekörnte Gemüsebrühe für 250 ml

Flüssigkeit

¼–½ TL Salz

etwas gemahlener Pfeffer

evtl. 1–2 TL Kräuter (frisch oder getrocknet,

z. B. Petersilie, Schnittlauch)

Bindemittel für die Soße (siehe Rezept für

gebundene Soßen S. 108)

Für die Lachssahnesoße

etwa 250 g Lachs

Für die Schinkensahnesoße

etwa 250 g gekochter Schinken

Zubereitung

Für die Schinkensahnesoße den gekochten Schinken in kleine Stücke schneiden. Für die Lachssahnesoße den Lachs in Alufolie verpackt im Backofen bei etwa 180–200 °C für ca. 20 Minuten garen, dann in kleine Stücke zerteilen. Evtl. frische Kräuter hacken.

Sahne mit 75–125 ml Wasser zum Kochen bringen. Die Wassermenge ist abhängig von der Bindung. Wenn das Bindemittel extra kalt angerührt werden soll, müssen 50 ml dafür zurückbehalten werden. Inzwischen evtl. das Bindemittel lösen. Die Soße mit Brühe, Salz, Pfeffer und evtl. Kräutern würzen. Evtl. den Schinken oder Lachs zugeben.

Die Soße binden (siehe S. 108), noch einmal abschmecken und evtl. nachwürzen.

TIPPS UND HINWEISE

Für eine laktosefreie Lachs- und Schinkensahnesoße bereiten Sie die Grundsoße nur mit Wasser und gekörnter Brühe zu.
Den Lachs können Sie auch schon einen Tag vorher garen und kühl stellen.

Weiße Soße für die schlanke Linie

Schwierigkeitsgrad: für Anfänger
Kann auch laktosearm zubereitet werden

Arbeitszeit: 20–60 Minuten

Zutaten (für 250 ml)

Für die Grundsoße

4 EL Magerquark (evtl. laktosearm)

1 TL Salz

etwas gemahlener Pfeffer

Bindemittel für die Soße (siehe Rezept für gebundene Soßen S. 108)

Für die Schinkensoße

50 g gekochter Schinken

Für die Brokkolisoße

200 g Brokkoli (frisch oder aufgetaut)

Für die Spinatsoße

200 g aufgetauter Blattspinat

Zubereitung

Wenn Sie Gemüse oder Schinken in die Soße geben wollen, müssen diese zuerst vorbereitet werden: Für die Schinkensoße den Schinken klein schneiden. Für die Brokkolisoße den Brokkoli in kleine Röschen zerteilen und 10 Minuten mit ein wenig Wasser in einer Pfanne mit dicht schließendem Deckel garen. Danach in kleine Stücke schneiden. Für die Spinatsoße den Blattspinat 5 Minuten in ein wenig Wasser in einer Pfanne mit dicht schließendem Deckel garen.

Für die Grundsoße 200 ml oder 250 ml Wasser abmessen, je nachdem, ob das Bindemittel extra angerührt werden muss oder nicht (siehe Rezept für gebundene Soßen auf S. 108). Den Magerquark in 200–250 ml Wasser einrühren und zum Kochen bringen. Dabei ab und zu umrühren. Soße binden wie im Rezept für gebundene Soßen beschrieben.

Evtl. den Schinken oder das Gemüse zugeben, erhitzen, abschmecken und evtl. nachwürzen.

TIPPS UND HINWEISE

Reste der Spinatsoße sollten Sie nicht noch einmal aufwärmen, weil Spinat sehr leicht verdirbt.

Käsesoße/Gorgonzolasoße

Schwierigkeitsgrad: für Anfänger
Nur die Käsesoße kann laktosearm zubereitet
werden, vegetarisch

Arbeitszeit: 15–30 Minuten

Zutaten (für 250 ml)

Für die Grundsoße

evtl. 1 EL Butter

evtl. gekörnte Gemüsebrühe für 250 ml
Flüssigkeit

¼–½ TL Salz

etwas gemahlener Pfeffer

evtl. 1–2 TL Kräuter (frisch oder getrocknet,
z. B. Petersilie, Schnittlauch)

Bindemittel für die Soße (siehe Grundrezept
für gebundene Soßen S. 108)

Für die Käsesoße

etwa 50 g Käse (evtl. laktosearm, gerieben
oder am Stück, z. B. Gouda)

1 Ei

Für die Gorgonzolasoße

etwa 50 g Gorgonzola

1 Ei

Öl, Butter oder Margarine (evtl. ohne
Milchanteil) zum Anbraten

Zubereitung

Ei trennen. Evtl. frische Kräuter hacken
und den Käse reiben. Für die Gorgonzolasoße den Gorgonzola in kleine Stücke
schneiden, frische Kräuter hacken.

Evtl. Butter zerlassen. Für eine kalorienärmere Soße kann dieser Schritt auch weg-
gelassen werden.

200–250 ml Wasser zum Kochen bringen.
Die Wassermenge ist abhängig von der
Bindung. Wenn das Bindemittel extra kalt
angerührt werden soll, müssen 50 ml dafür zurückbehalten werden. Inzwischen.
das Bindemittel lösen und die Soße mit
Brühe, Salz, Pfeffer und evtl. Kräutern
würzen.

Die Soße binden (siehe S. 108), anschließend von der heißen Herdplatte nehmen,
mit einem Schneebesen schnell das Eigelb
und danach den Käse oder Gorgonzola
unterrühren. Sofort servieren.

TIPPS UND HINWEISE

Sie können die Käse- und Gorgonzolasoße
auch nach dem Grundrezept Sahne- oder
Gemüsesoße zubereiten (S. 110 oder 113).

Gemüsesoße/Pilzsoße für Pasta

Schwierigkeitsgrad: für Anfänger
Kann auch laktosearm oder laktosefrei
zubereitet werden

Arbeitszeit: 15–30 (45–60) Minuten

Zutaten (für 250 ml)

Für die Grundsoße

75 ml Milch (evtl. laktosearm oder Wasser)

evtl. gekörnte Gemüsebrühe für 250 ml

Flüssigkeit

¼–½ TL Salz

etwas Pfeffer

evtl. 1–2 TL Kräuter (frisch oder getrocknet,

z. B. Petersilie, Schnittlauch)

Bindemittel für die Soße (siehe Grundrezept

für gebundene Soße S. 108)

Für die Gemüsesoße

etwa 250 g Gemüse (frisch, aufgetaut oder

aus der Dose, z. B. Brokkoli, Mais)

evtl. 50 g gekochter Schinken

Für die Pilzsoße

etwa 250 g frische Champignons oder

Pfifferlinge

evtl. 50 g Bacon

Öl, Butter oder Margarine (evtl. ohne

Milchanteil) zum Anbraten

Zubereitung

Für die Gemüsesoße Gemüse evtl. waschen, putzen, in kleine Stücke schneiden und in einem Topf mit gut schließendem Deckel in wenig Wasser garen. Evtl. den gekochten Schinken in kleine Stücke schneiden. Für die Pilzsoße Pilze putzen und in Scheiben schneiden. Den Bacon in kleine Stücke schneiden, anbraten, bis er kross ist. Dann die Pilze zugeben und braten, bis sie weich sind. Währenddessen evtl. frische Kräuter hacken.

Milch mit 125–175 ml Wasser (oder 200–250 ml Wasser) zum Kochen bringen. Die Wassermenge ist abhängig von der Bindung. Wenn das Bindemittel extra kalt angerührt werden soll, müssen 50 ml dafür zurückbehalten werden. Inzwischen evtl. das Bindemittel lösen. Soße mit Brühe, Salz, Pfeffer und Kräutern würzen. Gemüse und Schinken oder Pilze und Bacon zugeben.

Die Soße binden (siehe S. 108), noch einmal abschmecken und evtl. nachwürzen.

TIPPS UND HINWEISE

Sie können die Gemüse- und Pilzsoße natürlich auch mit dem Grundrezept Sahnesoße (S. 110) zubereiten.

Bolognese-Soße

Schwierigkeitsgrad: für Anfänger
Laktosefrei

Arbeitszeit: 20–30 Minuten

Zutaten (für 250 ml)

½ Zwiebel

Öl, Butter oder Margarine (evtl. ohne
Milchanteil) zum Anbraten

250 g Hackfleisch

¼–½ TL Salz

etwas gemahlener Pfeffer

etwas Paprikapulver

2–3 TL Kräuter (frisch oder getrocknet, z. B.
Petersilie, Oregano, Kräuter der Provence)

250 g Tomatenfruchtfleisch in Stücken
(aus der Dose)

Bindemittel für 250 ml Flüssigkeit (siehe
Rezept für gebundene Soßen S. 108)

Zubereitung

Evtl. frische Kräuter hacken. Zwiebel schälen, klein schneiden und in heißem Fett anbraten, bis die Stückchen braun sind. Dabei öfter rühren. Dann das Hackfleisch so lange braten, bis es ebenfalls braun ist. Dabei mit Salz, Pfeffer, Paprika und Kräutern würzen und ab und zu rühren.

Die Tomatenfruchtfleisch und etwa 200–250 ml Wasser zugeben. Die Wassermenge ist abhängig von der Bindung. Wenn das Bindemittel extra kalt angerührt werden soll, müssen 50 ml dafür zurückbehalten werden. Das Ganze zum Kochen bringen. Inzwischen evtl. das Bindemittel lösen.

Die Soße binden (siehe S. 108), noch einmal abschmecken und evtl. nachwürzen.

TIPPS UND HINWEISE

Gut schmeckt die Soße auch, wenn Sie Gemüsemais hinzufügen. Da man die Soße gut aufwärmen kann, können Sie sie vorkochen oder gleich für zwei Mahlzeiten zubereiten. Beim Aufwärmen evtl. etwas Wasser zugeben, rühren Sie dabei öfter um, schmecken Sie noch einmal ab und würzen evtl. nach.

Zaziki

Schwierigkeitsgrad: für Anfänger
Kann laktosearm zubereitet werden,
vegetarisch

Arbeitszeit: 15–20 Minuten

Zutaten

1 frische Landgurke (kleinere, kompakt
gewachsene Gurke)

250 g Sahnejoghurt (10 % Fett, evtl.
laktosearm) **oder:** 125 g Quark (20 % oder
40 % Fett oder Magerquark, evtl. laktosearm)

125 g Naturjoghurt (1,5 % oder 3 % Fett,
evtl. laktosearm)

2–4 Knoblauchzehen oder 1–2 TL granulierter Knoblauch

1–2 EL Olivenöl

½–1 TL Salz

etwas gemahlener weißer Pfeffer

2–3 TL Kräuter (frisch oder getrocknet,
z. B. Schnittlauch, Dill, Thymian)

Zubereitung

Gurke evtl. schälen und dann in kleine
Stücke schneiden. Evtl. frische Kräuter hacken.

Quark mit Naturjoghurt oder Sahnejoghurt pur cremig rühren. Evtl. Knoblauch pressen. Knoblauch, Gurkenstücke,
Olivenöl und Gewürze zur Creme geben,
alles gut verrühren, abschmecken und
evtl. nachwürzen.

In einem gut verschlossenen Gefäß mindestens eine Stunde im Kühlschrank ziehen lassen.

TIPPS UND HINWEISE

Zwiebelstücke schmecken auch gut im Zaziki.

Quark-Dips

Schwierigkeitsgrad: für Anfänger, kann auch
laktosearm zubereitet werden, vegetarisch

Arbeitszeit: 15–30 Minuten

Zutaten

Für die Creme

200 g Quark (20 % oder 40 % Fett oder
Magerstufe, evtl. laktosearm)

ca. 40–50 ml Mineralwasser

Für den extra scharfen Dip

2 Peperoni (frisch oder eingelegt)

etwas Salz

⅛ TL gemahlener Pfeffer

⅛ TL Paprikapulver

Für den Kräuter-Dip

Insgesamt 2–4 TL Kräuter (frisch oder
getrocknet, z. B. Petersilie, Schnittlauch,
Kräuter der Provence, Basilikum, Thymian,
Zitronenmelisse, Dill)

Für den klassischen Dip

2–3 eingelegte kleine Gewürzgürkchen oder
1 größere Gewürzgurke

¼ Zwiebel

etwas Salz

etwas granulierter Knoblauch

Für den Gemüse-Dip

1 kleine Möhre

1 daumendicke Gurkenscheibe (am besten
von einer Landgurke)

1 Stück frische Paprikaschote
(etwa fingerdick)

etwas Salz

etwas granulierter Knoblauch

Für den Tomaten-Dip

6–8 Cocktailtomaten oder ½ normale Tomate

etwas Salz

etwas gemahlener Pfeffer

2 TL Schnittlauch (frisch oder getrocknet)

Für den Käse-Dip

ca. 25 g geriebener Käse (Gouda oder
Emmentaler, evtl. laktosearm)

etwas Paprikapulver

Für den asiatischen Dip

5–6 Ananasstücke (aus der Dose)

2–3 TL Ananassaft (aus der Dose)

etwas asiatische Gewürzmischung (fertig
gemischt)

Zubereitung

Evtl. frische Kräuter hacken. Das jeweils
benötigte Gemüse oder Obst in möglichst
kleine Stücke schneiden. Evtl. den Käse
reiben.

Quark mit so viel Mineralwasser gut
durchrühren, bis er so cremig ist, wie Sie es
mögen. Danach die klein geschnittenen
Zutaten und Gewürze zugeben und gut
durchrühren, abschmecken und evtl.
nachwürzen.

TIPPS UND HINWEISE

Die Dips lassen sich gut vorbereiten und im
Kühlschrank aufbewahren.

Tomatencreme-Dips

Schwierigkeitsgrad: für Anfänger
Laktosefrei und vegetarisch

Arbeitszeit: 15–30 Minuten

Zutaten

Für die Tomatencreme

250 g fertig passierte Tomaten

½ TL Guarkernmehl

Für den Kräuter-Dip

3–4 TL Kräuter (frisch oder getrocknet,
z. B. Petersilie, Schnittlauch, Basilikum,
Thymian, Estragon)

Für den Dip mit frischem Gemüse

1 Stück frische Paprikaschote
(etwa zwei Finger dick)

1 kleine Landgurke (kleine, kompakt
gewachsene Gurke)

evtl. 1 kleine, frische Peperoni

etwas Zucker

etwas Salz

etwas gemahlener Pfeffer

1 TL Kräuter (frisch oder getrocknet,
z. B. Petersilie, Schnittlauch, Basilikum)

Für den Dip süß-sauer

125–150 g eingelegte Gewürzgurken

evtl. 1 Peperoni (frisch oder eingelegt)

etwas Zucker

etwas Salz

etwas gemahlener Pfeffer

Für den Dip mit eingelegtem Gemüse

125–150 g Puszta-Salat oder Mixed Pickles
aus dem Glas

etwas Salz

etwas gemahlener Pfeffer

etwas Paprikapulver

Zubereitung

Passierte Tomaten in eine Schüssel geben.
Guarkernmehl fein über die gesamte Oberfläche der Tomaten verteilen, so lange mit
einem Schneebesen rühren, bis sich das
Guarkernmehl vollständig gelöst hat.

Evtl. frische Kräuter hacken.

Gemüse, auch das eingelegte, möglichst
klein schneiden.

Alles zu den angedickten Tomaten geben,
gut durchrühren.

Evtl. Zucker, die Gewürze und Kräuter zugeben, gut mischen, abschmecken und
evtl. nachwürzen.

TIPPS UND HINWEISE

Sie können auch viele andere Zutaten für
Ihre Tomatencreme-Dips verwenden.
Nehmen Sie das, was Sie am liebsten mögen
oder das, was sich in Ihrem Vorrats- und
Kühlschrank gerade befindet.
Wenn Sie die passierten Tomaten lieber
selbst herstellen wollen, richten Sie sich nach
dem Rezept für Tomatensoße auf S. 107.

SALATE

Die besten Tipps für die Küche

Salate sind vielfältig: Rohkostsalate eignen sich gut als gesunde, kalorienarme Ergänzung zu einer Mahlzeit. Gehaltvolle Salate ersetzen ein Hauptgericht. Frisches Gemüse und frische Salate sind glutenfrei. Bei anderen Zutaten müssen Sie prüfen, ob diese glutenfrei sind.

TIPPS UND HINWEISE

Denken Sie auch an verstecktes Gluten in Gewürzen, Wurst, eingelegtem Hering, Senf und Mayonnaise, falls Sie diese verwenden.

Es gibt verschiedene Arten von Dressing: Wenn Sie es kalorienreich lieben, nehmen Sie als Grundlage Mayonnaise, Sahne oder saure Sahne. Sie können aber auch die kalorienärmere Variante mit Joghurt, auch mit 1,5 % Fett, pur oder verdünnt mit Milch, wählen. Eine Ölsoße bereiten Sie aus Zitronensaft oder Essig und der doppelten Menge Öl zu. Sie können auch etwa die Hälfte des Öls durch Wasser ersetzen. Wenn Sie kein Öl verwenden wollen, können Sie Wasser oder Brühe als Grundlage nehmen. Dicken Sie die Soße dann etwas mit Guarkernmehl oder Johannisbrotkernmehl an. Wenn Sie Essig oder Zitrone in der Soße verwenden, müssen Sie mit Zucker würzen, sonst wird die Soße zu sauer.

Um den Fettgehalt und damit den Brennwert der Salate zu reduzieren, haben wir bei den gehaltvolleren Salaten auf Mayonnaise ganz verzichtet und das Dressing mit einer Mischung aus Joghurt und saurer Sahne hergestellt. Natürlich können Sie Ihr Dressing wie gewohnt anrühren.

Scheuen Sie nicht den Aufwand, zu einer Party, auf die Sie eingeladen sind, eine große Schüssel Salat mitzubringen. Dann sind Sie sicher, dass Sie auch etwas Leckeres essen können. Außerdem verlieren andere Partygäste die Scheu vor glutenfreiem Essen.

Wenn Sie länger unterwegs sind, nehmen Sie sich eine kleine Menge eines haltbaren Salats in einer gut schließenden Plastikdose mit. Dann haben Sie mit Sicherheit etwas Frisches und Leckeres, wenn Sie nichts anderes Glutenfreies kaufen oder auf der Speisekarte finden sollten.

Maissalat

Schwierigkeitsgrad: für Anfänger

Kann laktosearm und laktosefrei zubereitet werden

Arbeitszeit: 20–30 Minuten

Zutaten

Für den Salat

1–2 Tomaten

500–550 g Gemüsemais aus der Dose

150 g gekochter Schinken

200 g Gouda (evtl. laktosearm)

Für normales und laktosearmes Dressing

4–5 EL Naturjoghurt (1,5 % oder 3,5 % Fett, evtl. laktosearm)

1–3 TL Kräuter (frisch oder getrocknet, z. B. Petersilie, Schnittlauch)

Für laktosearmes Dressing

1 EL Zitronensaft

2 EL Öl

2 EL Wasser

½–1 TL Zucker

1–3 TL Kräuter

Zubereitung

Mais in einem Durchschlag abtropfen lassen. Evtl. frische Kräuter hacken. Tomaten waschen und genauso wie den Schinken und den Gouda (bei laktosefreier Zubereitung weglassen) in kleine Stückchen schneiden. Alles in eine Schüssel geben und mischen.

In einer kleinen Schüssel das Dressing anrühren, abschmecken und evtl. nachwürzen. Dann das Dressing über den Salat geben.

TIPPS UND HINWEISE

Sie können auch noch Gurken- oder Zucchinistückchen in den Maissalat geben. Thunfisch aus der Dose oder geräucherter Lachs anstelle des Schinkens schmecken ebenfalls gut im Salat. Die Variante mit Schinken ist allerdings am haltbarsten. Diese können Sie unbedenklich zu Ihrem Picknick mitnehmen, denn sie bleibt frisch und saftig.

Leichter Sommersalat

Schwierigkeitsgrad: für Anfänger
Laktosefrei

Arbeitszeit: 30–40 Minuten

Zutaten

Für den Salat

etwa ½ Kopfsalat

100 g Feldsalat

½ orange oder gelbe Paprikaschote

4 Tomaten

100 g Gemüsemais (aus der Dose)

evtl. 1–2 Dosen Thunfisch in Öl

1 Ei

1 große Möhre

½ Zwiebel

¼ Schlangen- oder Salatgurke

evtl. 100–150 g gekochter Schinken

evtl. 100–150 g gares Geflügelfleisch

Für das Dressing

2 EL Essig oder Kräuteressig

4 EL Öl

etwas Zucker

etwas Salz

1–2 TL Kräuter (frisch oder getrocknet,
z. B. Petersilie, Schnittlauch, Salatkräuter)

Zubereitung

Salat und Feldsalat auslesen, waschen und abtropfen lassen. Paprika und Tomaten waschen. Mais und evtl. den Thunfisch abtropfen lassen.

Ei hart kochen. Inzwischen Möhre schälen und raspeln, Paprika, Tomaten, Zwiebel und Gurke in Stücke schneiden. Die Salatblätter etwas zerkleinern. Alles Gemüse, den Salat und Mais in eine große Schüssel geben und gut mischen.

Das Dressing herstellen, in die Schüssel geben und gut durchmischen. Entweder den Salat portionsweise auf Suppenteller verteilen oder in der Schüssel lassen.

Ei in Scheiben, evtl. Schinken oder Geflügelfleisch in Streifen schneiden. Eierscheiben und evtl. den Schinken, Thunfisch oder das Geflügelfleisch auf der Oberfläche des Salates dekorieren.

TIPPS UND HINWEISE

Für diesen Salat eignen sich auch andere Blattsalate und Zucchini. Geben Sie das Dressing möglichst kurz vor dem Servieren über den Salat, denn Blattsalate werden nach dem Mischen sehr schnell welk.

Brokkolisalat

Schwierigkeitsgrad: für Anfänger
Kann laktosearm oder laktosefrei zubereitet
werden

Arbeitszeit: 30–40 Minuten
Gesamtzeit: 1–1¼ Stunden

Zutaten

750–1000 g Brokkoli (frisch oder aufgetaut)

2 Eier (bei laktosefreier Zubereitung)

ca. 180 g Mandarinen aus der Dose

100–150 g Gouda (evtl. laktosearm oder
weglassen)

100–150 g gekochter Schinken

Für normales und laktosearmes Dressing

200 g Naturjoghurt (1,5 % oder 3,5 % Fett,
evtl. laktosearm)

etwas Salz

etwas gemahlener Pfeffer

1–3 TL Kräuter (frisch oder getrocknet,
z. B. Petersilie, Schnittlauch)

Für laktosefreies Dressing

2 EL Zitronensaft

4 EL Öl

4 EL Wasser

1 TL Zucker

etwas Salz

etwas gemahlener Pfeffer

1–3 TL Kräuter (frisch oder getrocknet,
z. B. Petersilie, Schnittlauch)

Zubereitung

Frischen Brokkoli waschen. Den Brokkoli
in Röschen zerteilen und in einem großen
Topf mit einem gut schließenden Deckel
in wenig Wasser für 15–20 Minuten dämpfen, bis er gar ist. Dabei ab und zu umrühren und sicherstellen, dass genug Wasser
im Topf ist. Den Brokkoli abkühlen lassen.
Währenddessen die weiteren Zutaten vorbereiten.

Bei laktosefreier Zubereitung zwei Eier
hart kochen.

Die Mandarinen abtropfen lassen. Den
Gouda (bei laktosefreier Zubereitung weglassen) und den gekochten Schinken in
kleine Stücke schneiden, dann die Mandarinen. Alles in eine große Schüssel geben.

Kalten Brokkoli in Stücke schneiden, in
die Schüssel füllen und alles gut umrühren.

Das Dressing aus den Zutaten zubereiten,
über den Salat geben und gut durchrühren. Bei laktosefreier Zubereitung die Eier
in Scheiben schneiden und auf dem Salat
dekorieren.

TIPPS UND HINWEISE

Als Beilage stellen Sie den Salat mit den
kleineren Mengenangaben und als Hauptgericht mit den größeren Mengenangaben
her. Dieser Salat lässt sich gut transportieren, macht sich aber auch gut auf einem
Büfett.

Blumenkohl-Kartoffelsalat

Schwierigkeitsgrad: für Anfänger
Laktosefrei

Arbeitszeit: 35–40 Minuten
Gesamtzeit: 1¼–1½ Stunden

Zutaten

600 g Blumenkohl (frisch oder aufgetaut)

400 g Kartoffeln

100 g gekochter Schinken

2 EL Zitronensaft

etwas Guarkern- oder Johannisbrotkernmehl

1 TL Salz

1 TL granulierter Knoblauch

1 TL Paprikapulver

2 EL Kräuter (frisch oder getrocknet,
z. B. Petersilie, Schnittlauch, Thymian)

Zubereitung

Blumenkohl in Röschen zerteilen. Kartoffeln schälen und in kleine Stücke schneiden. In einer Pfanne mit dicht schließendem Deckel und etwas Wasser die Kartoffeln 15 Minuten garen, dann den Blumenkohl zufügen und noch einmal ca. 15 Minuten dämpfen, bis alles gar ist. Inzwischen die anderen Zutaten vorbereiten.
Den Schinken würfeln. Evtl. frische Kräuter hacken. Aus Zitronensaft, 6 EL Wasser und Gewürzen das Dressing herstellen und mit Guarkern- oder Johannisbrot-kernmehl binden. Kartoffeln und Blumenkohl abgießen, kurz abkühlen lassen und mit dem Schinken mischen. Dressing darübergießen.

TIPPS UND HINWEISE

Diesen Salat können Sie auch vegetarisch zubereiten: Sie ersetzen den Schinken durch 150 g Tofu, der ½ Stunde in 2–3 EL gehackten Kräutern mit 1–2 EL Wasser eingelegt wurde.

Kartoffelsalat

Schwierigkeitsgrad: für Anfänger
Kann laktosearm und laktosefrei zubereitet
werden, vegetarisch

Arbeitszeit: 45–60 Minuten
Gesamtzeit: 4–5 Stunden

Zutaten (für 6 Personen)

Für den Salat

1 kg kleine Kartoffeln

2 Äpfel

1–2 Zwiebeln

150–200 g eingelegte Gewürzgurken (aus
dem Glas)

Für die normale und laktosearme Soße

200 g saure Sahne (evtl. laktosearm)

300 g Naturjoghurt (1,5 % oder 3,5 % Fett,
evtl. laktosearm)

1–2 EL Zitronensaft

¼ TL Zucker

¼–½ TL Salz

etwas gemahlener Pfeffer

evtl. 2–3 TL Kräuter (frisch oder getrocknet,
z. B. Petersilie, Schnittlauch)

evtl. 1–2 TL Senf

Für die laktosefreie, helle Soße

500 g Mayonnaise

Gewürze, siehe normale Soße

Für die laktosefreie Ölsoße

75 ml Öl

75 ml Wasser

35 ml Zitronensaft (von 1–2 Zitronen)

1½–2 TL Zucker

½ TL Salz

etwas gemahlener Pfeffer

etwas granulierter Knoblauch

evtl. 1–2 EL Kräuter (frisch oder getrocknet,
z. B. Petersilie, Schnittlauch)

Zubereitung

Kartoffeln waschen und als Pellkartoffeln
kochen, etwa eine halbe Stunde abkühlen
lassen und pellen.

Kartoffeln, Äpfel, Zwiebeln und Gurken in
kleine Stücke schneiden und in eine
Schüssel geben.

In einer kleinen Schüssel die Soße anrühren, abschmecken, über den Salat gießen
und alles gut durchmischen. Gut zugedeckt an einem kühlen Ort oder im Kühlschrank mehrere Stunden durchziehen
lassen, lieber etwas länger als etwas kürzer.
Vor dem Servieren noch einmal gut durchrühren, abschmecken und evtl. nachwürzen.

TIPPS UND HINWEISE

Wenn Sie den Kartoffelsalat nur als Beilage
essen wollen, halbieren Sie die Zutatenmengen. Kartoffelsalat eignet sich auch hervorragend zum Mitnehmen. Allerdings sollte er,
wenn Sie Mayonnaise verwenden, nicht zu
lange ungekühlt stehen.

Heringssalat

Schwierigkeitsgrad: für Anfänger

Kann laktosearm oder laktosefrei zubereitet werden

**Arbeitszeit: 45–60 Minuten
Gesamtzeit: 4–5 Stunden**

Zutaten (für 6 Personen)

Für den Salat

350–400 g kleine Kartoffeln

4 Matjesfilets (eingelegte Heringsfilets)

2 Äpfel

1 Zwiebel

100–200 g eingelegte Gewürzgurken (aus dem Glas)

ca. 30 g eingelegte Rote Bete (aus dem Glas)

Für die normale und laktosearme Soße

200 g saure Sahne (evtl. laktosearm)

200 g Naturjoghurt (1,5 % oder 3,5 % Fett, evtl. laktosearm)

1–2 EL Zitronensaft

¼ TL Zucker

etwas Salz

etwas gemahlener Pfeffer

evtl. 2–3 TL Kräuter (frisch oder getrocknet, z. B. Petersilie, Schnittlauch)

evtl. 1–2 TL Senf

Für die laktosefreie, helle Soße

400 g Mayonnaise

Gewürze, siehe normale Soße

Für die laktosefreie Ölsoße

75 ml Öl

75 ml Wasser

35 ml Zitronensaft (von 1–2 Zitronen)

1½ –2 TL Zucker

½ TL Salz

etwas gemahlener Pfeffer und granulierter Knoblauch

evtl. 1–2 EL Kräuter (frisch oder getrocknet, z. B. Petersilie, Schnittlauch)

Zubereitung

Kartoffeln waschen und als Pellkartoffeln kochen, ½ Stunde auskühlen lassen und dann pellen.

Matjesfilets, Kartoffeln, Äpfel, Zwiebel, Gurken und Rote Bete in kleine Stücke schneiden und in eine Schüssel geben.

In einer kleineren Schüssel die Soße anrühren, abschmecken, über den Salat gießen und alles gut durchmischen. Mit Salz vorsichtig würzen, da die Matjesfilets salzig sind. Den Salat gut zugedeckt an einem kühlen Ort oder im Kühlschrank mehrere Stunden durchziehen lassen, lieber etwas länger als etwas kürzer. Vor dem Servieren noch einmal gut durchrühren, abschmecken und evtl. nachwürzen.

TIPPS UND HINWEISE

Sie können natürlich auch Mayonnaise statt saurer Sahne für die Soße verwenden. Heringssalat können Sie auch gut mitnehmen und auf ein Büfett stellen. Er sollte allerdings nicht längere Zeit ungekühlt stehen.

Krabbensalat

Schwierigkeitsgrad: für Anfänger

Kann laktosearm oder laktosefrei zubereitet werden

Arbeitszeit: 15–20 Minuten
Gesamtzeit: 1–1½ Stunden

Zutaten

250–300 g Krabben (aus der Dose oder aufgetaut)

Für die normale und laktosearme Soße

60 g saure Sahne (evtl. laktosearm)

75 g Naturjoghurt (1,5 % oder 3,5 % Fett, evtl. laktosearm)

1 TL Zitronensaft

etwas Zucker

etwas Salz

evtl. ½–1 TL Kräuter (frisch oder getrocknet, z. B. Dill, Petersilie, Schnittlauch)

Für die laktosefreie Soße

400 g Mayonnaise

Gewürze, siehe normale Soße

Zubereitung

Krabben in einem Durchschlag mit Wasser abspülen und gut abtropfen lassen.

Währenddessen in einer kleinen Schüssel die Zutaten für die Soße geben, gut durchrühren und abschmecken.

Krabben in eine Schüssel geben, die Soße darübergießen und gut durchrühren. Das Ganze zugedeckt im Kühlschrank ½–1 Stunde durchziehen lassen. Vor dem Servieren durchrühren, noch einmal abschmecken und evtl. nachwürzen.

TIPPS UND HINWEISE

Dieser Salat lässt sich gut transportieren. Sie sollten jedoch darauf achten, dass er immer kühl bleibt. Deshalb benutzen Sie für den Transport eine Kühltasche und stellen die Schüssel auf einem Büfett in eine größere Schüssel mit Eiswasser.

Fleischsalat

Schwierigkeitsgrad: für Anfänger
Kann laktosearm oder laktosefrei zubereitet
werden

Arbeitszeit: 45–60 Minuten
Gesamtzeit: 3–4 Stunden

Zutaten

Für den Salat

400–500 g Fleischwurst

100–200 g Salami

50–100 g eingelegte Gewürzgurken
(aus dem Glas)

evtl. 1 kleine Zwiebel

Für die normale und laktosearme Soße

200 g Naturjoghurt (1,5 % oder 3,5 % Fett,
evtl. laktosearm)

200 g saure Sahne (evtl. laktosearm)

1–2 EL Zitronensaft

½ TL Zucker

½ TL Salz

etwas gemahlener Pfeffer

etwas granulierter Knoblauch

evtl. 1–2 EL Kräuter (frisch oder getrocknet,
z. B. Petersilie, Schnittlauch)

Für die laktosefreie, helle Soße

400 g Mayonnaise

Gewürze, siehe normale Soße

Für die laktosefreie Ölsoße

75 ml Öl

75 ml Wasser

35 ml Zitronensaft (von 1–2 Zitronen)

1½–2 TL Zucker

½ TL Salz

etwas gemahlener Pfeffer

etwas granulierter Knoblauch

evtl. 1–2 EL Kräuter (frisch oder getrocknet,
z. B. Petersilie, Schnittlauch)

Zubereitung

Wurst und Salami in schmale Streifen, die
Gurken, evtl. die Zwiebeln in kleine Stücke schneiden und in eine große Schüssel
geben. Evtl. frische Kräuter hacken.

Zutaten für die Soße in einer kleinen
Schüssel gut mischen, abschmecken, über
den Salat gießen und gut durchrühren.
Etwas vorsichtig mit Salz würzen, weil die
Salami häufig salzig ist.

Salatschüssel abdecken und mindestens
2 Stunden kühlen, ca. eine ½ Stunde vor
dem Servieren aus dem Kühlschrank nehmen. Kurz vor dem Essen abschmecken
und evtl. nachwürzen.

TIPPS UND HINWEISE

Auch grüne Erbsen aus der Dose passen in
den Fleischsalat. Der Salat lässt sich gut
mitnehmen, sollte aber nicht zu lange
ungekühlt stehen. Sie können auch die saure
Sahne durch Mayonnaise ersetzen. Dann ist
der Fleischsalat jedoch kalorienreicher.

Nudelsalat

Schwierigkeitsgrad: für Anfänger
Kann auch laktosearm zubereitet werden

**Arbeitszeit: 30–40 Minuten
Gesamtzeit: ca. 1 Stunde**

Zutaten

250 g Nudeln

1 TL Öl

½ TL Salz

1 gelbe Paprikaschote

300 g Tomaten

½ Schlangen- oder Salatgurke

100 g gekochter Schinken

100 g Gouda (evtl. laktosearm)

7 EL Naturjoghurt (1,5 % oder 3,5 % Fett,
evtl. laktosearm)

½ EL Öl

2 EL Kräuter (frisch oder getrocknet,
z. B. Petersilie, Schnittlauch, Basilikum)

1 TL Salz

Zubereitung

Nudeln in reichlich Wasser mit etwa ½ TL Salz und Öl gar kochen. Inzwischen die anderen Zutaten vorbereiten.

Paprika und Tomaten waschen und klein schneiden. Gurke schälen und würfeln, den Schinken und den Käse ebenfalls in Würfel schneiden.

Evtl. die frischen Kräuter hacken. Aus Joghurt, Öl und Gewürzen das Dressing herstellen.

Fertig gegarte Nudeln abgießen und gleich das Dressing darübergießen, damit sie nicht aneinanderkleben. Wenn die Nudeln abgekühlt sind, die restlichen Zutaten untermischen, abschmecken und evtl. nachwürzen.

TIPPS UND HINWEISE

Bereiten Sie den Nudelsalat möglichst frisch zu. Manche Nudelsorten schmecken nicht mehr so gut, wenn die Nudeln längere Zeit gestanden haben. Sie können den Nudelsalat auch ganz klassisch mit Fleischwurst und Erbsen zubereiten.

Reissalat

Schwierigkeitsgrad: für Anfänger
Laktosefrei und vegetarisch

Arbeitszeit: 35–45 Minuten

Zutaten

150 g Naturreis

2 Möhren

300 g Brokkoli

1 Schlangen- oder Salatgurke

1 EL Essig

2 EL Kräuter (frisch oder getrocknet,

z. B. Schnittlauch, Petersilie)

1 TL Salz

1 TL granulierter Knoblauch

1 TL Paprikapulver

etwas Guarkernmehl oder Johannisbrotkern-

mehl

Zubereitung

Reis in 300 ml Wasser mit ½ TL Salz etwa 30 Minuten gar kochen, evtl. abgießen. Derweil die anderen Zutaten vorbereiten.

Möhren schälen und klein schneiden, Brokkoli in kleine Röschen zerteilen. Alles Gemüse in einer Pfanne mit dicht schließendem Deckel und etwas Wasser ca. 15 Minuten garen, abgießen.

Gurke schälen und klein schneiden. Evtl. die frischen Kräuter hacken. Aus Essig, 6 EL Wasser, ½ TL Salz und Gewürzen das Dressing herstellen.

Guarkern- oder Johannisbrotkernmehl auf die Oberfläche der Soße streuen und mit dem Schneebesen gut verrühren.

Den abgekühlten Reis mit dem Gemüse mischen und das Dressing darübergießen.

TIPPS UND HINWEISE

Sie können statt Reis auch 100 g Hirse und Gemüsesorten der Saison verwenden.

Herbstsalat

Schwierigkeitsgrad: für Anfänger
Laktosefrei und vegetarisch

Arbeitszeit: 30–40 Minuten

Zutaten

150 g Naturreis

2 Äpfel

2 frische Mandarinen oder ca. 180 g aus
der Dose

ca. 285 g Gemüsemais (aus der Dose)

1½ EL Zitronensaft

1 TL Salz

½ TL Vanillepulver

etwas Currypulver

Zubereitung

Reis in 300 ml Wasser ohne Salz ca. 30 Minuten gar kochen, evtl. abgießen und abkühlen lassen. Inzwischen die anderen Zutaten vorbereiten.

Äpfel und frische Mandarinen schälen und klein schneiden. Mandarinen aus der Dose abtropfen lassen und klein schneiden. Mais abtropfen lassen.

Zitronensaft mit Gewürzen und 3 EL Wasser zu einem Dressing verrühren. Den Reis mit den anderen Zutaten vermischen und das Dressing darübergießen. Abschmecken und evtl. nachwürzen.

TIPPS UND HINWEISE

Sie können anstelle der Mandarinen auch Ananas verwenden.
Eine völlig neue Geschmacksnote erhält der Salat, wenn Sie einige Walnüsse hineinschneiden.

DESSERTS

Die besten Tipps für die Küche

Viele Desserts sind, vom ernährungsphysiologischen Standpunkt aus betrachtet, nicht als vernünftig anzusehen. Trotzdem tut eine kleine, süße Sünde der Seele gut. Wir haben die Rezepte so umgearbeitet, dass Sie die Desserts mit weniger Fett und damit kalorienärmer zubereiten können, ohne dass der Geschmack darunter leidet. Unser Tipp ist, sich bei diesen süßen Sünden auf kleine Portionen zu beschränken. Stellen Sie deshalb auch nur kleine Mengen her.

Naturbelassene Milchprodukte und Obst sind glutenfrei. Es gibt auch viele glutenfreie Pudding- und Soßenpulver, sodass Sie Ihren gewohnten Nachtisch essen können. Solche Leckereien wie Mousse au Chocolat und Tiramisu können Sie auch selbst zubereiten.

> **TIPPS UND HINWEISE**
>
> Denken Sie beim Einkaufen an verstecktes Gluten in den Zutaten, z. B. in Schokolade, Schokoladenkrümeln, Kakao, Vanillezucker, Sahnesteif, Sirup, fertigen Fruchtsoßen und Fruchtjoghurt.

Wenn Sie Gäste erwarten und deshalb viel Vorbereitung für das Essen haben, können Sie die meisten beschriebenen Desserts als Erstes vorbereiten und dann kühl stellen. Dies gilt nicht für die Apple Pie, die warm serviert werden muss. Die kann backen, während Sie das Hauptgericht essen.

Rote Grütze

Schwierigkeitsgrad: für Anfänger
Laktosefrei

Arbeitszeit: 30–45 Minuten

Zutaten

ca. 350–400 g Obst (frisch, aufgetaut oder aus dem Glas, z. B. Kirschen, Himbeeren, Erdbeeren)

300–350 ml Obstsaft (oder Wasser)

75–100 g Zucker

3–4 EL Speisestärke

Zubereitung

Frisches Obst waschen, evtl. entsteinen. Aufgetautes Obst und Obst aus dem Glas gut abtropfen lassen und den Saft auffangen. Obst mit ca. ¼ l Obstsaft oder Wasser und dem Zucker zum Kochen bringen, dabei gelegentlich umrühren. Währenddessen die Speisestärke anrühren.

Speisestärke in etwa 50–75 ml kaltem Saft oder Wasser rühren, bis sie sich gut gelöst hat. Dann in die kochende Grütze geben und unter Rühren kurz aufkochen. In eine Schüssel füllen und abkühlen lassen.

TIPPS UND HINWEISE

Zur roten Grütze kann man nicht nur Vanillesoße, sondern auch Sahne oder Naturjoghurt servieren. Gut schmeckt auch eine helle Grütze aus Bananen, Mandarinen, Aprikosen und Äpfeln.

Fruchteis

Schwierigkeitsgrad: für Anfänger
Kann auch laktosearm hergestellt werden

> **Arbeitszeit: 20–30 Minuten**
> **Gesamtzeit: 4½ Stunden**
> **(Evtl. Behälter der Eismaschine am Tag**
> **vorher in die Kühltruhe stellen)**

Zutaten

100–125 g Obst (frisch oder aus der Dose,
z. B. Erdbeeren, Blaubeeren)
125 g Sahne (evtl. laktosearm)
125 g Vanillejoghurt oder passender
Fruchtjoghurt (3,5 % Fett, evtl. laktosearm)
50 g Zucker

Zubereitung (mit und ohne Eismaschine)

Eine Gabel, einen Messbecher, evtl. ein
Messer und ein Brettchen, eine Schüssel,
Obst, Sahne, Joghurt, Schneebesen oder
Quirle des Mixers, eine gut schließende
Plastikdose zum Einfrieren, evtl. einen
Teigschaber für mindestens ½ Stunde in
den Kühlschrank stellen. Nur diese gekühlten Küchenutensilien für die Zubereitung benutzen.
Das Obst, falls nötig, rasch in möglichst
kleine Stücke schneiden oder mit einer
Gabel zerdrücken. Wieder kühl stellen.
Eismaschine aus der Kühltruhe holen und
mit einem Badehandtuch zudecken, damit sie kalt bleibt. Sonst den Mixer vorbereiten, sodass nur noch die kalten Quirle
hineingesteckt werden müssen.
50 g Zucker in die kalte Schüssel einwiegen, die gekühlte Sahne und den Joghurt
dazugeben.

Mit der Eismaschine: Zutaten schnell mit
dem gekühlten Schneebesen kurz durchrühren, dann in die Eismaschine füllen
und ca. 20–30 Minuten in der zugedeck-
ten Maschine rühren lassen. Dann schnell
mit dem Teigschaber herausnehmen, in
die Dose füllen und anschließend für mindestens 4 Stunden einfrieren.

Ohne Eismaschine: Das Ganze sofort mit
den gekühlten Quirlen für ca. 15–30 Se-
kunden auf mittlerer Stufe in der Schüssel
durchrühren, in eine Dose füllen und für
mindestens 4 Stunden einfrieren.

> **TIPPS UND HINWEISE**
>
> Wenn Sie größere Mengen Eis brauchen,
> sollten Sie die im Rezept angegebene Menge
> mehrfach nacheinander zubereiten. Dann
> friert das Eis schneller durch und es bilden
> sich weniger Nadeln. Dies gilt besonders
> dann, wenn Sie das Eis ohne Eismaschine
> herstellen.

Milcheis

Schwierigkeitsgrad: für Anfänger

Kann auch laktosearm zubereitet werden

> **Arbeitszeit: 20–30 Minuten**
> **Gesamtzeit: 7 Stunden**
> **(Evtl. Behälter der Eismaschine am Tag**
> **vorher in die Kühltruhe stellen)**

Zutaten

200–350 ml Milch (3,5 % Fett,

evtl. laktosearm)

150 g Sahne (evtl. laktosearm)

Weitere Zutaten für Vanilleeis

1 P Pulver für Vanillesoße

60 g Zucker

2 TL Vanillearoma

Weitere Zutaten für Schokoladeneis

1 P Pulver für Schokoladensoße

25 g Schokolade (Vollmilch und/oder

Zartbitter)

70 g Zucker

1 TL Vanillearoma

Zubereitung (mit und ohne Eismaschine)

Vanille- oder Schokoladensoße nach Angaben des Herstellers zubereiten. Dabei aber nur 70 % der angegebenen Menge Milch verwenden. Die Soße gut abkühlen lassen und in den Kühlschrank stellen, bis sie richtig durchgekühlt ist.

Schüssel, Messbecher, Sahne, Schneebesen oder Quirle des Mixers, eine gut schließende Plastikdose zum Einfrieren und evtl. einen Teigschaber für mindestens ½ Stunde in den Kühlschrank stellen. Für die Zubereitung nur die kalten Küchenutensilien verwenden.

Für das Schokoladeneis die Schokolade in möglichst kleine Stückchen schneiden.

Eismaschine aus der Kühltruhe holen und mit einem Badehandtuch zudecken, damit sie kalt bleibt. Sonst den Mixer vorbereiten, sodass nur noch die kalten Quirle hineingesteckt werden müssen.

100 ml Soße, Zucker und Sahne in die kalte Schüssel geben, dann das Vanillearoma und evtl. die Schokoladenstückchen.

Weitere Zubereitung mit und ohne Eismaschine siehe Rezept für Fruchteis S. 134.

> **TIPPS UND HINWEISE**
>
> Gelingt auch ohne Eismaschine.
> Größere Eismengen bereiten Sie am besten mehrfach hintereinander in der angegebenen Menge zu. Sie frieren sonst nicht schnell genug durch. Für Stracciatella-Eis nehmen Sie das Rezept von Vanilleeis und geben Schokoladenstückchen zu. Joghurteis lässt sich aus 125 g Naturjoghurt (3,5 % Fett), 125 g Sahne, 60 g Zucker und ¾–1 TL Zitronensaft herstellen.

Mousse au Chocolat

Schwierigkeitsgrad: für Fortgeschrittene

Kann auch laktosearm zubereitet werden

Arbeitszeit: 30–40 Minuten
Gesamtzeit: ca. 2 Stunden

Zutaten

4 Eier

80 g Zucker

2 Tafeln Schokolade (à 100 g) mit

mindestens 50 % Kakaoanteil

50 g Butter (evtl. laktosearm)

Zubereitung

Eier trennen. Eiweiß und 40 g Zucker mit einem Mixer steif schlagen.

Schokolade in kleine Stücke schneiden. Gemeinsam mit der Butter in einem Topf bei geringer Wärmezufuhr verflüssigen. Dabei ständig rühren, sodass nichts ansetzt. Wenn alles flüssig ist, den Topf vom Herd nehmen.

Eigelb und den restlichen Zucker unter die Schokoladenmischung rühren. Dann vorsichtig den Eischnee unterrühren. Die Mousse in das Gefäß füllen, in dem es später serviert werden soll. Auf Zimmertemperatur abkühlen lassen und bis zum Servieren in den Kühlschrank stellen.

TIPPS UND HINWEISE

Mousse au Chocolat schmeckt fruchtig, wenn Sie ein flaches Gefäß zum Servieren verwenden und den Boden mit Mandarinen oder Aprikosen aus der Dose belegen, bevor Sie die Mousse darüberfüllen.

Tiramisu

Schwierigkeitsgrad: für Fortgeschrittene

Arbeitszeit: 30–60 (45–75) Minuten
Gesamtzeit: 2½–3 (3–3½) Stunden

Zutaten (für eine Schüssel, Ø 14 cm)

Löffelbiskuits (von einem Ei gebacken,
Rezept siehe S. 193)

65 ml starker Kaffee

ca. 35 ml Amaretto (italienischer Mandellikör)

400 g Mascarpone (evtl. auch fettreduziert)

200 g Quark (20 % oder 40 % Fett oder
Magerquark

100 g Zucker

2 P Vanillezucker

Kakaopulver zum Bestreuen

TIPPS UND HINWEISE

Bevor Sie Ihren Gästen Tiramisu servieren,
probieren Sie erst aus, welche Mengen für
Ihre Schüssel tatsächlich geeignet sind.
Sie können das Rezept auch variieren,
indem Sie eine Schicht aus Birnen zwischen
die erste Cremeschicht und die zweite Schicht
aus Löffelbiskuits schieben.
Für ein Tiramisu aus Früchten nehmen Sie
Obst, z. B. frische Erdbeeren, tränken die
Löffelbiskuits mit einer passenden Frucht-
soße und bestreuen oben mit Schokoladenstückchen.

Zubereitung

Mischung aus Kaffee und Amaretto herstellen.

Boden einer Schüssel oder Form mit möglichst senkrechtem Rand vollständig mit
Löffelbiskuits auslegen. Mit einem Pinsel
die Kaffee-Amaretto-Mischung vorsichtig
auf die Biskuits auftragen, einziehen lassen und wieder auftragen, bis die Biskuits
ganz durchtränkt sind. Inzwischen die
Mascarpone-Creme vorbereiten.

Mascarpone, Quark, Zucker und Vanillezucker rühren, bis die Masse cremig ist.
Auf die durchtränkten Löffelbiskuits
schichten und die Oberfläche mit einem
Löffel glatt streichen. Je nach Größe der
Form eine zweite Schicht Löffelbiskuits
darauflegen und tränken, dann eine weitere Schicht Mascarpone-Creme darüber-
streichen.

Für mindestens 2 Stunden in den Kühlschrank stellen. Vor dem Servieren mit gesiebtem Kakaopulver bestreuen.

Gefüllte Crêpes

Schwierigkeitsgrad: für Fortgeschrittene
Können laktosearm oder laktosefrei
zubereitet werden
Für die Zubereitung brauche Sie ein Crêpeeisen

Arbeitszeit: 45–60 Minuten

Zutaten

Für die Crêpes

2 EL Öl

4 Eier

100 g Zucker

125 g Mehl-Mix C von Schär

125 g Mehl-Mix Plus von Hammermühle

etwa 250 ml Milch (evtl. laktosearrm oder

Wasser und 1 TL Öl)

Für die Quarkfüllung

100 g Quark (evtl. laktosearm)

etwas Mineralwasser mit viel Kohlensäure

25–30 g Obst (frisch oder aus der Dose,

z. B. Aprikosen, Kirschen, Blaubeeren)

¼–½ P Vanillezucker

Für die Marmeladenfüllung

50–100 g Marmelade (z. B. Erdbeer- oder

Aprikosenmarmelade)

TIPPS UND HINWEISE

Sie können die Crêpes auch mit 25–50 g
Schokoladencreme oder 50–100 g Apfelmus,
Kirschkompott oder roter Grütze (siehe
S. 133) füllen.

Zubereitung

Öl mit aufgeschlagenen Eiern und Zucker vermischen. Mehle einwiegen, Milch (oder Wasser) abmessen und beides abwechselnd portionsweise zugeben und gut durchrühren, da sich sonst leicht Klümpchen bilden. Der Teig sollte etwa die Konsistenz von flüssiger Sahne haben. Falls der Teig zu flüssig ist, Mehl zugeben, wenn er zu fest ist, Milch (oder Wasser) zugeben. Crêpes mit einem Crêpeeisen backen. Teig dazu in einen flachen Teller geben und Crêpeeisen eintauchen, Crêpe backen, bis sich der Teig an den Rändern ablöst, dann wenden. So lange weiterbacken, bis der Teig an den Auflagestellen braun ist. Die fertigen Crêpes auf einen flachen Teller legen. Den letzten Rest Teig können Sie auch noch backen, wenn Sie ihn mit einem Löffel auskratzen und schnell auf dem Crêpeeisen glatt streichen. Diese letzten Crêpes werden dann natürlich nicht mehr so schön wie die anderen.

Für die Quarkfüllung das Obst klein schneiden. Den Quark mit etwas Mineralwasser cremig rühren. Vanillezucker und Obststückchen unterrühren.

Crêpes damit füllen und aufrollen.

Apple Pie

Schwierigkeitsgrad: für Profis
Laktosefrei

Arbeitszeit: 1–1½ Stunden
Gesamtzeit: 2½–3 Stunden

Zutaten (für runde Auflaufform, Ø 20 cm)

Für den Teig

100 g kalte Butter oder Margarine
(evtl. ohne Milchanteil)

165 g Zucker

1 P Vanillezucker

2 Eier

165 g Mehl-Mix C von Schär

165 g Mehl-Mix Plus von Hammermühle

1½ TL Backpulver

Öl, Butter oder Margarine (evtl. ohne
Milchanteil) zum Einfetten der Form

Backpapier

Für die Füllung

ca. 500 g Äpfel

½ Zitrone

2 EL Zucker

etwa ¼ TL Zimt

evtl. etwas geriebener Muskat

Zubereitung

Fett mit Zucker und Vanillezucker so lange rühren, bis kein Zucker mehr erkennbar ist. Dann Eier zugeben, alles gut verrühren. Mehle einwiegen, mit Backpulver mischen und zur anderen Mischung geben. So lange rühren, bis keine Fett- oder Mehlklümpchen mehr erkennbar sind. Der Teig fühlt sich leicht klebrig an, darf aber nicht an den Händen kleben bleiben. Den Teig für mindestens 1 Stunde in einer gut verschlossenen Plastikdose in den Kühlschrank stellen. Währenddessen die Füllung vorbereiten.

Äpfel schälen und in kleine Stücke schneiden. Zitrone auspressen, den Saft über die Äpfel gießen. Die Gewürze zugeben und mit dem Apfelstückchen mischen.

Auflaufform fetten. Ein Backpapier in der Größe der Öffnung der Form zuschneiden und dann in zwei Hälften teilen. Den Backofen vorheizen. Einen Teil des Teiges dünn auf dem Backpapier verteilen. Mit dem restlichen Teig die Form auskleiden.

Die Füllung in die ausgekleidete Form geben. Dann vorsichtig nacheinander die beiden Backpapiere nehmen und mit dem Teig nach unten auf das Obst legen. Das Backpapier vorsichtig abziehen, evtl. die „Naht" zwischen den Teighälften zudrücken und den Teig oben mehrfach mit einem Rouladenspieß oder einer Gabel einstechen.

Pie auf unterster Schiene im vorgeheizten Backofen bei 190–200 °C, Umluft bei 160–170 °C für ca. 15–20 Minuten backen, bis der Teig anfängt, braun zu werden. Noch ca. 5 Minuten im ausgeschalteten Ofen stehen lassen, dann warm servieren.

TIPPS UND HINWEISE

Wenn Sie vor dem Essen wenig Zeit haben, können Sie auch die Füllung vorbereiten, die Form mit Teig auskleiden, den Teig auf dem Backpapier verteilen und alles gut verpackt bis zur weiteren Verarbeitung in den Kühlschrank stellen. Zu Apple Pie passt gut Vanillesoße. Gut eignet sich als Füllung auch frischer Rhabarber (ca. 800 g).
Birnen Pie schmeckt besonders gut mit Schokoladensoße.

Packa

Schwierigkeitsgrad: für Anfänger
Kann laktosearm zubereitet werden

Arbeitszeit: 20–30 Minuten
Gesamtzeit: 15–16 Stunden

Zutaten

250 g Quark (20 % oder 40 % Fett oder Magerquark, evtl. laktosearm)

saubere Mullwindel (oder ein Geschirrtuch)

1 Ei

50 g Zucker

1 P Vanillezucker

etwas gemahlener Zimt

2 EL weiche Butter (evtl. laktosearm) oder Halbfettbutter

Zubereitung

Quark in ein sauberes Mull- oder Geschirrtuch geben und über dem Quark zusammenschlagen. In einen Durchschlag legen und diesen auf eine passende Schüssel zum Auffangen der Flüssigkeit setzen. Auf das Tuch eine kleine Schüssel mit etwas Schwerem darin legen. So über Nacht in den Kühlschrank zum Entwässern stellen. Das Ei trennen. Zum Eigelb den Zucker, Vanillezucker und Zimt geben, gut verrühren. Danach die Butter zugeben, gut mischen, sodass eine Creme entsteht.

Das Eiweiß steif schlagen und vorsichtig unterrühren. Die Creme bis zum Servieren weiter im Kühlschrank entwässern, wie oben beschrieben.

TIPPS UND HINWEISE

Packa ist eine traditionelle russische Osterspeise.
Verteilen Sie die Packa auf kleine Tellerchen und dekorieren Sie diese mit Blättern der Zitronenmelisse, mit Rosenblättern oder kleinen Blüten. Gut schmeckt Packa auch mit frischen Beeren aus dem Garten, z. B. roten Johannisbeeren oder Stachel-, Blau-, Brom- oder Himbeeren.

KUCHEN UND KLEINGEBÄCK

Die besten Tipps für die Küche

Glutenfreies Backen macht Spaß, genauso wie das Essen des gelungenen Kuchens. Allerdings muss man das glutenfreie Backen erst lernen, nicht nur als Anfänger in der Küche. Das hat einen triftigen Grund: Die verwendeten Mehle haben andere Eigenschaften als glutenhaltige. Gluten ist das Klebereiweiß im Getreide und – wie der Name schon sagt – sorgt dafür, dass der Teig in sich klebt, das heißt zusammenhält. Da Teige aus glutenfreien Mehlen weniger gut zusammenhalten, kann Folgendes passieren:

1. Der Teig klebt oft mehr an den Unterlagen, den Küchengeräten, Händen, der Form usw. als in sich. Das heißt, die Handhabung des Teiges beim Rühren, Kneten, Formen usw. ist schwieriger.
2. Das Backwerk fließt oft auseinander, wenn es nicht in einer Form gebacken wird.
3. Die Gasblasen, die die Backtriebmittel (z. B. Hefe und Backpulver) erzeugen und den Teig locker machen sollen, entweichen zu einem Teil aus dem Backwerk.
4. Fertig Gebackenes ist krümeliger und trockener.

TIPPS UND HINWEISE

Teig aus glutenfreien Mehlen hält weniger gut zusammen.

Wenn man die Eigenschaften glutenfreier Mehle und einige Tricks kennt, kann man jedoch fast alle herkömmlichen Rezepte verändern und glutenfrei zubereiten. Manchmal braucht es dazu einige Versuche, manchmal führt schon der erste ans Ziel.

Was können Sie also tun, damit das glutenfreie Backen klappt? Halten Sie sich genau an unsere Rezepte. Die Zutaten vermischen sich schlechter als bei herkömmlichen Mehlen. Das heißt, Sie müssen den Teig gut durchrühren, sollten ihn aber nicht zu lange rühren oder kneten. Wir empfehlen für die Zubereitung im Wesentlichen das Rühren mit einem großen Plastikkochlöffel und das Kneten mit den Händen, allenfalls ein Handrührgerät. Dann können Sie direkt verfolgen, wie gut die Zutaten des Teiges vermischt sind und welche Konsistenz der Teig hat. Das können Sie in einer Küchenmaschine nicht so gut beobachten. Bei einigen Teigarten wie Mürbeteig muss man auch fühlen, wie feucht er ist. Deshalb ist die Verarbeitung mit den Händen besser.

Behandeln Sie den Teig bei der Zubereitung vorsichtig.

Wenn Sie Teig ausrollen wollen, dann verwenden Sie eine gute Teigmatte und sparen Sie nicht mit Mehl. Verteilen Sie das Mehl sorgfältig und gleichmäßig auf der Teigmatte. Zum Ausrollen empfiehlt es sich, das Nudelholz mit einem Nudelholzbezug zu überziehen. Er verhindert das Festkleben des Teiges am Nudelholz. Solche Nudelholzbezüge kosten nur ein paar Euro, sind im Haushaltswarengeschäft oder in Warenhäusern erhältlich, waschbar und ersparen viel Ärger. Beim Ausrollen sollten Sie rollen und gleichzeitig auch etwas drücken, sonst rollt sich der Teig nach mehrmaligem Hin- und Herrollen doch um das Nudelholz. Um Teig auf einem Blech auszurollen, ist ein kleiner Teigroller (sieht aus wie ein Miniaturnudelholz) hilfreich. Reiben Sie es gut mit Mehl ein, damit der Teig nicht daran kleben bleibt.

Ihre alten Ausstechformen können Sie weiter verwenden, wenn Sie kontrolliert haben, dass sie wirklich ganz sauber gespült sind, am besten in der Spülmaschine. Benutzen Sie einfache Formen, die wenig ausgeprägte Ecken haben. In solchen Ecken bleibt der Teig leicht hängen und dann reißt die ausgestochene Teigform.

Wenn Sie Spritzgebäck backen wollen, dann kaufen Sie sich eine Gebäckspritze aus Metall mit einem Stempel, der durch eine Kurbel mit Gewinde heruntergedrückt wird. Damit ist das Spritzen kinderleicht. Sollten Sie eine solche Gebäckspritze bereits haben, dann müssen Sie sie genau überprüfen, ob sie tatsächlich frei von glutenhaltigen Teigresten ist. Sonst sollten Sie sich lieber eine neue Spritze anschaffen.

Ihre alten Backformen sollten Sie kritisch anschauen. Einige lassen sich sicher noch in der Spülmaschine spülen und können nach einer eingehenden Kontrolle, ob sie wirklich sauber sind, weiter verwendet werden. Kastenformen können Sie sorgfältig mit Backpapier auslegen. Von Springformen oder Formen, die schwierig auszulegen sind, sollten Sie sich ganz trennen. Wenn Sie sich neue Formen kaufen müssen, dann lohnt sich die Anschaffung von flexiblen Backformen. Sie erleichtern das Stürzen des Gebäcks, was sonst häufig Probleme bereitet. Fetten Sie auch die flexiblen Backformen. Wenn Sie konventionelle Formen benutzen, fetten Sie diese gut und legen sie größere Flächen mit Backpapier aus, z. B. die untere Fläche einer Kasten- oder Springform. Auf einem Backblech verwenden Sie am besten immer ein Backpapier als Unterlage.

Für den Teig verwenden wir meist zwei verschiedene Mehlmischungen, weil wir festgestellt haben, dass dann die Verarbeitung leichter wird. Außerdem schmeckt uns das Gebäck dann besser. Wenn Sie andere Mehle verwenden möchten, können Sie dies natürlich tun. Dann brauchen Sie eventuell leicht veränderte Mengen Flüssigkeit, Fett oder Eier. Die Verarbeitung des Teiges kann natürlich dann aufgrund der veränderten Eigenschaften der Mehle ein klein wenig anders sein.

Wenn Sie mit einem Rührkuchen das glutenfreie Backen beginnen, ist Ihnen der Erfolg sicher. Hier spielt die Flüssigkeitsmenge keine große Rolle. Dies gilt auch für die verwendeten Mehle. Wenn sich einmal unverhofft Besuch anmeldet und Sie nur noch Reste von verschiedenen Mehlen haben, dann zaubern Sie einfach einen Rührkuchen daraus, denn der gelingt fast immer. Dann ist das Backen stressfrei und das Kaffeetrinken gerettet. Probieren Sie Rezepte für Fortgeschrittene oder Profis lieber einmal aus, bevor Sie den Kuchen Ihrem Besuch servieren. Es sei denn, Ihre beste Freundin oder Ihr bester Freund

kommt, mit denen Sie auch über einen Brösel- oder Hartkuchen lachen können.

Wenn Sie ein normales Rezept verändern wollen, hilft oft ein zusätzliches Ei, um den Zusammenhalt des Teiges deutlich zu verbessern. Denken Sie daran, dass die Größe der Eier unterschiedlich ist, selbst wenn man immer dieselbe Eiergröße kauft. Deshalb müssen Sie unbedingt darauf achten, dass der Teig die richtige Konsistenz hat. Wenn der Teig zu fest ist, geben Sie noch Flüssigkeit hinein, wenn er zu sehr klebt, etwas Mehl.

Geben Sie mehr Triebmittel zum Teig, etwa die 1½-fache Menge. Dann wird der Kuchen so locker wie gewohnt. Tipps für die Verarbeitung von Hefeteig und zur Verwendung von speziellen Klebern im Mehl finden Sie bei den Tipps für das Brotbacken.

Glutenfreie Mehle binden mehr Feuchtigkeit als die glutenhaltigen. Sie müssen also mehr Flüssigkeit in den Teig geben. Allerdings darf es auch nicht zu viel sein, wenn Sie den Teig noch formen wollen, weil er dann zu sehr klebt. Zu bedenken ist auch, dass beim Kühlstellen der Teig noch etwas trockener wird. Es erfordert deshalb ein bisschen Übung, wenn Sie einen Teig formen wollen. Scheuen Sie sich nicht, den bereits teilweise ausgerollten Teig von der Teigmatte abzukratzen, wenn er reißt, um noch einmal in der Schüssel Flüssigkeit unterzukneten. Zum einen haben Sie alle verwendeten Geräte vorher sauber gemacht und der Teig ist noch einwandfrei. Zum anderen werden Sie sonst keinen Erfolg beim Backen haben. Auch wenn sich dies alles kompliziert anhört, man bekommt es schnell in den Griff. Als Hilfestellung haben wir in jedem Rezept die Konsistenz des Teiges beschrieben.

TIPPS UND HINWEISE

Die Spanne bei der Teigkonsistenz zwischen noch zu trocken und leicht reißen bzw. zu klebrig ist oft nur sehr klein.

Wenn Sie laktosearm backen wollen, können Sie spezielle laktosearme Milchprodukte verwenden. Sollten Sie laktosefrei backen müssen, dann können Sie die angegebene Flüssigkeitsmenge durch Wasser ersetzen und geben pro 100 ml ungefähr ¼ bis ½ TL Öl hinzu. Auch das haben wir in unseren Rezepten angegeben.

Ist das Gebäck zu trocken, können Sie mit geringen Mengen gemahlener Flohsamen den Teig feuchter halten. Sie brauchen dann etwas mehr Flüssigkeit im Teig.

TIPPS UND HINWEISE

Glutenfreies Backwerk hat andere Bräunungseigenschaften.

Es bleibt länger hell, wird dann aber relativ rasch dunkel. Deshalb muss man erst Erfahrungen beim Backen sammeln. Zudem backt natürlich jeder Ofen anders. Daher unser Tipp: Wählen Sie eine niedrigere Temperatur und kürzere Backzeit und schauen Sie öfter in den Ofen. Dann wissen Sie sicher sehr bald, wie lange ein bestimmter Kuchen bei Ihnen backen muss. Ist das Backwerk bereits dunkel, aber wahrscheinlich noch nicht gar, legen Sie Alufolie darüber. Passen Sie aber bei einem Umluftofen auf, dass sie nicht weggeblasen wird. Lassen Sie das Backwerk ruhig auch noch 5–10 Minuten ohne Hitzezufuhr im Ofen stehen. Dann gart es weiter, ohne brauner zu werden.

Da der Teig in sich nicht gut klebt, reißt das Gebäck leicht an der Oberfläche ein. Dies gilt besonders, wenn der Teig Kakao enthält. Das Einreißen lässt sich oft nicht verhindern. Das fällt allerdings nicht auf, wenn Sie den Kuchen mit einer Glasur überziehen oder kurz vor dem Servieren mit Puderzucker bestreuen.

Wenn Sie Ihren fertigen Kuchen oder Tortenboden vom Boden der Springform auf eine Kuchenplatte setzen wollen, dann sollten Sie den Boden der Springform mit einem passend zugeschnittenen Backpapier auslegen. Mit einem Tortenretter gehen Sie vorsichtig zwischen den Kuchen und das Backpapier, schieben den Kuchen vorsichtig darauf und vom Tortenretter auf Ihre Kuchenplatte. Weitere Informationen, wie man Torten, Cremeschnitten, Rollen usw. herstellt, finden Sie in den jeweiligen Rezepten.

Glutenfreie Plätzchen halten sich gut verpackt in einer Plastikdose nur einige Tage bis eine gute Woche. Backen Sie lieber von jeder Sorte nur die im Rezept angegebene Menge und dann wieder frisch.

TIPPS UND HINWEISE

Backen Sie in der Weihnachtszeit keine größeren Mengen von Plätzchen, da sie sich nur einige Tage halten.

Rührkuchen können Sie statt mit Butter oder Margarine auch mit geschmacksneutralem, hitzestabilen Öl zubereiten. Öl ist gesünder als gehärtetes Fett. Wenn Sie Öl verwenden, nehmen Sie so viel Milliliter Öl wie Gramm Butter oder Margarine. Sie brauchen dann weniger Flüssigkeit für den Teig. Verwenden Sie nur Öle und Margarine, die zum Backen geeignet sind.

Wenn Sie Kuchen besonders süß mögen, dann geben Sie etwas mehr Zucker in den Teig, denn glutenfreier Kuchen ist nicht so geschmacksintensiv. Sollten Sie eine Allergie gegen Nüsse haben, können Sie bei allen Rezepten die Nüsse durch Mandeln ersetzen.

Wir haben versucht, die „Kuchensünde" möglichst klein zu halten, indem wir bei Füllungen und Torten fettarme Alternativen zu den herkömmlichen beschrieben haben. So haben wir Quark- und Joghurtfüllungen statt purer Sahnefüllungen, Puddingcremes anstelle von Buttercremes verwendet. Probieren Sie einfach diese leichteren Alternativen aus, vor allem wenn Sie sich kalorienbewusst ernähren wollen. Schmecken Ihnen unsere leichten Füllungen nicht, dann können Sie problemlos die Füllungen nach Ihren früheren Rezepten mit glutenfreien Zutaten zubereiten.

Rezepte für Blechkuchen können Sie natürlich auch in einer Springform backen. Nehmen Sie für eine Springform mit 26 cm Durchmesser dann etwa zwei Drittel der Zutatenmengen, für eine Springform mit 24 cm Durchmesser etwa die Hälfte. Bitte beachten Sie dabei, dass man immer nur ganze Eier nehmen kann.

Rührteigboden

Schwierigkeitsgrad: für Anfänger
Laktosefrei

Arbeitszeit: 15–20 Minuten
Gesamtzeit: 45–60 Minuten

Zutaten (für Springform, Ø 26 cm)

Öl, Butter oder Margarine (evtl. ohne
Milchanteil) zum Einfetten der Form

100 g weiche Butter oder Margarine
(evtl. ohne Milchanteil)

85 g Zucker

evtl. 1 P Vanillezucker

2 Eier

50 g Mehl-Mix C von Schär

50 g Mehl-Mix Plus von Hammermühle

50 g Speisestärke

1¼–1½ TL Backpulver

Zubereitung

Form einfetten. Butter oder Margarine mit
Zucker und evtl. Vanillezucker so lange
rühren, bis kein Zucker mehr erkennbar
ist. Eier zugeben und möglichst gut verrühren. Backofen vorheizen.
Mehle mit Speisestärke und Backpulver
mischen. Mehlmischung zur anderen Mischung geben und rühren, bis keine Mehl-
oder Fettklümpchen mehr erkennbar sind.
Der Teig sollte zähflüssig sein.
Mithilfe eines Teigschabers den Teig in die
Form füllen und glatt streichen. Auf un-

terster Schiene im vorgeheizten Backofen
bei 180–190 °C, Umluft bei 160–170 °C für
15–20 Minuten backen, bis der Boden anfängt, braun zu werden.

TIPPS UND HINWEISE

Sollte der Boden beim Backen unregelmäßig
aufgegangen sein, schneiden Sie höher-
stehenden Teig vor dem Belegen mit Früchten
mit einem scharfen Messer ab.

Rührkuchen/Muffins

Schwierigkeitsgrad: für Anfänger
Kann laktosearm oder laktosefrei zubereitet
werden

Arbeitszeit: 20–30 Minuten
Gesamtzeit: 60–75 Minuten

Zutaten (für Kastenform, 28,5 cm lang)

evtl. 75 g Schokolade

evtl. 100 g Obst (frisch oder konserviert,
z. B. Blaubeeren, Johannisbeeren, Aprikosen)

Öl, Butter oder Margarine (evtl. ohne
Milchanteil) zum Einfetten der Form oder
Muffin-Förmchen aus Papier

125 g weiche Butter oder Margarine
(evtl. ohne Milchanteil)

125 g Zucker

evtl. 1 P Vanillezucker

3 Eier

100 g Mehl-Mix C von Schär

100 g Mehl-Mix Plus von Hammermühle

¾–1 P (2¼–3 TL) Backpulver

50–70 ml Milch (evtl. laktosearm, Obstsaft
oder Wasser und ¼ TL Öl)

evtl. 100 g Rosinen

Zubereitung

Evtl. Schokolade oder Obst schneiden.
Form fetten oder Muffin-Förmchen in die
Muffin-Backform legen.

Butter oder Margarine mit Zucker und
evtl. Vanillezucker so lange rühren, bis

kein Zucker mehr erkennbar ist. Eier zugeben und möglichst gut verrühren.

Mehle mit Backpulver mischen. Für den Rührkuchen etwa ¾ Päckchen, für die Muffins 1 Päckchen Backpulver nehmen. Die Mehlmischung zur anderen Mischung geben und so lange rühren, bis keine Mehl- oder Fettklümpchen mehr erkennbar sind. Den Backofen vorheizen.

Nach und nach so viel Flüssigkeit zugeben und unterrühren, bis der Teig zähflüssig ist. Evtl. Schokolade, Rosinen oder Obst zugeben und unterrühren.

Teig in eine Kastenform oder in die Muffin-Förmchen (jeweils bis zur Hälfte) füllen. Auf unterster Schiene im vorgeheizten Backofen bei 170–180 °C, Umluft 150–160 °C für 45–60 Minuten, Muffins für 15–20 Minuten backen, bis der Teig anfängt, braun zu werden. Evtl. noch 5 Minuten im ausgeschalteten Backofen stehen lassen. Kuchen und Muffins noch warm aus der Form stürzen und auf einem Rost auskühlen lassen. Nach dem Auskühlen gleich in einer gut schließenden Plastikdose verpacken.

TIPPS UND HINWEISE

Sie können die Muffins zusätzlich mit einem Schokoladen- oder Puderzuckerguss glasieren und mit Süßigkeiten verzieren. Mini-Muffins für Kinder backen Sie in Pralinenförmchen.

Marmorkuchen

Schwierigkeitsgrad: für Fortgeschrittene
Kann laktosearm oder laktosefrei zubereitet
werden

> **Arbeitszeit: 45–60 Minuten**
> **Gesamtzeit: 3–3½ Stunden**

Zutaten (für Gugelhupfform, Ø 22 cm)

Für den Grundteig

Öl, Butter oder Margarine (evtl. ohne
Milchanteil) zum Einfetten der Form

125 g weiche Butter oder Margarine
(evtl. ohne Milchanteil)

110 g Zucker

evtl. 1 P Vanillezucker

4 Eier

140 g Mehl-Mix C von Schär

140 g Mehl-Mix Plus von Hammermühle

90 g Speisestärke

2 TL Backpulver

80–100 ml Milch (evtl. laktosearm oder
Wasser und ½ TL Öl)

Für den dunklen Teig

75 g Zucker

40 g Kakao

60–70 ml Milch (evtl. laktosearm oder
Wasser und ¼ TL Öl)

Für den Schokoladenguss

150 g Kuvertüre

Für den Puderzuckerguss

150 g Puderzucker

25 g Kakao

25 g Butter oder Margarine (evtl. ohne
Milchanteil)

Zubereitung

Form gut fetten. Butter oder Margarine
mit Zucker und evtl. Vanillezucker verrühren, bis kein Zucker mehr erkennbar ist.
Eier zugeben und gut verrühren.

Mehle mit Speisestärke und Backpulver
mischen. Zur anderen Mischung geben
und so lange rühren, bis keine Fett- oder
Mehlklümpchen mehr erkennbar sind.
Dann nach und nach die Milch (evtl. Wasser und Öl) unterrühren, bis der Teig zähflüssig ist. Backofen vorheizen.

Etwa die Hälfte des Teiges in eine Napfkuchenform füllen. Zum restlichen Teig Zucker, Kakao und Milch (evtl. Wasser und
Öl) geben und gut verrühren. Dann auf
den hellen Teig schichten. Zum Durchmischen der Schichten eine Gabel tief in den
Teig drücken und in einem kurzen Abstand wieder nach oben ziehen. Dies an
verschiedenen Stellen wiederholen.

Auf unterster Schiene im vorgeheizten
Backofen bei 170–180 °C, Umluft bei 150–
160 °C für ca. 45–60 Minuten backen, bis
der Kuchen anfängt, braun zu werden. Im
ausgeschalteten Ofen 5–10 Minuten stehen lassen. Den Kuchen noch warm aus
der Form stürzen und zum Auskühlen auf
einen Rost legen. Während dieser Zeit
evtl. den Puderzucker und Kakao sieben.

Schokoladenguss: Den Kuchen auf einen passenden Teller legen. Die Kuvertüre nach Anleitung des Herstellers verflüssigen und mit einem Pinsel auftragen.

Puderzuckerguss: Puderzucker und Kakao mischen und sieben. Butter oder Margarine in einem kleinen Topf zerlassen, heißes Wasser bereitstellen. Flüssiges Fett zur Puderzuckermischung geben und sofort mit einer Gabel durchrühren. Nach und nach so viel heißes Wasser zugeben und unterrühren, bis der Guss gut streichfähig ist. Dann sofort mit einem Pinsel auf den Kuchen auftragen.

TIPPS UND HINWEISE

Marmorkuchen eignet sich nicht nur als Geburtstagskuchen für Kinder. Stecken Sie z. B. in die Mitte des Kuchens eine Serviette mit einer Kerze oder ein Reagenzglas mit Wasser und einer Blüte darin.

Osterlamm

Schwierigkeitsgrad: für Anfänger
Laktosefrei

Arbeitszeit: 30–40 Minuten
Gesamtzeit: 2–2½ Stunden

Zutaten

Für den Teig

Öl, Butter oder Margarine (evtl. ohne
Milchanteil) zum Einfetten der Form

100 g weiche Butter oder Margarine
(evtl. ohne Milchanteil)

90 g Zucker

evtl. 1 P Vanillezucker

3 Eier

50 g gemahlene Mandeln

125 g Mehl-Mix C von Schär

50 g Speisestärke

¼ TL gemahlene Flohsamen

1½–2 TL Backpulver

Für die Glasur

50 g Puderzucker

1–2 TL Aprikosenkonfitüre

Zubereitung

Form einfetten. Butter oder Margarine mit
Zucker und evtl. Vanillezucker so lange
rühren, bis der Zucker nicht mehr erkennbar ist. Eier und gemahlene Mandeln zugeben und möglichst gut verrühren. Backofen vorheizen.

Mehl mit Speisestärke, Flohsamen und
Backpulver mischen und zur anderen Mischung geben. So lange rühren, bis keine
Mehl- oder Fettklümpchen mehr erkennbar sind. In die Form füllen. Sie sollte etwa
zur Hälfte gefüllt sein.

Auf unterster Schiene im vorgeheizten
Backofen bei 170–180 °C, Umluft bei 150–
160 °C für 45–55 Minuten backen, bis der
Teig anfängt, braun zu werden. Im ausgeschalteten Ofen noch 5–10 Minuten stehen lassen. Den Kuchen aus der Form auf
einen Rost stürzen. Den Guss vorbereiten.
Puderzucker sieben. Aprikosenkonfitüre in
einem kleinen Schälchen rühren, damit
sie streichfähiger wird. Den noch warmen
Kuchen mithilfe eines Pinsels mit der
Konfitüre bestreichen.

Sobald die Konfitüre in den Kuchen einge-
zogen ist, den Puderzucker mit 2–3 EL
Wasser anrühren und mit einem Pinsel
auftragen. Wenn der Guss hart ist, das
Lamm sofort in einer gut verschließbaren
Plastikdose aufbewahren.

TIPPS UND HINWEISE

Sie können die Glasur auch weglassen und
den Kuchen vor dem Servieren mit gesiebtem
Puderzucker bestreuen. Verwenden Sie auch
andere große oder kleine Motivformen, die
zur Jahreszeit passen. Bei kleineren Formen
ist die Backzeit kürzer und Sie brauchen mehr
Glasur.

Gedeckter Obstkuchen

Schwierigkeitsgrad: für Fortgeschrittene
Kann auch laktosearm oder laktosefrei
zubereitet werden

Arbeitszeit: 45–60 Minuten
Gesamtzeit: ca. 2 Stunden

Zutaten (für Springform, Ø 26 cm)

Für den Teig

Öl, Butter oder Margarine (evtl. ohne
Milchanteil) zum Einfetten der Form

250 g weiche Butter oder Margarine
(evtl. ohne Milchanteil)

300 g Zucker

evtl. 1 P Vanillezucker

2 Eier

ca. 60 ml Milch (evtl. laktosearm oder Wasser
und ¼ TL Öl)

250 g Mehl-Mix C von Schär

250 g Mehl-Mix Plus von Hammermühle

1 P Backpulver

Für die Füllung

500–700 g Obst (frisch oder aus dem Glas,
z. B. Äpfel, Kirschen, Rhabarber)

50 g Zucker

evtl. 50 g Rosinen

evtl. ¼–½ TL Zimt

TIPPS UND HINWEISE

Besonders lecker: Servieren Sie den Obst-
kuchen warm mit Vanillesoße oder -eis.

Zubereitung

Frisches Obst waschen, schälen, klein
schneiden und evtl. entsteinen. Obst aus
dem Glas in einem Durchschlag abtropfen
lassen.

Form einfetten. Butter oder Margarine mit
dem Zucker und evtl. Vanillezucker verrühren, bis kein Zucker mehr erkennbar
ist. Eier und Milch (oder Wasser und Öl)
zugeben. Gut verrühren.

Mehle mit Backpulver mischen, zur anderen Mischung geben und so lange rühren,
bis keine Mehl- oder Fettklümpchen mehr
erkennbar sind.

Etwa die Hälfte des Teiges mithilfe eines
Teigschabers auf dem Boden der Springform verteilen. Das Obst mit dem Zucker,
evtl. Rosinen und Zimt mischen und auf
den Boden schichten. Backofen vorheizen. Mithilfe eines Esslöffels kleine Teig-
portionen gleichmäßig und möglichst
dicht auf dem Obst verteilen und dann
vorsichtig zu einer geschlossenen Teigschicht streichen. Mit einem Rouladenspieß oder einer Gabel mehrfach oben einstechen.

Auf unterster Schiene im vorgeheizten
Backofen bei 170–180 °C, Umluft bei 150–
160 °C für 35–45 Minuten backen, bis der
Kuchen anfängt, braun zu werden. Noch
5–10 Minuten im ausgeschalteten Ofen
stehen lassen.

Träubletorte

Schwierigkeitsgrad: für Fortgeschrittene
Laktosefrei

Arbeitszeit: 45–60 Minuten
Gesamtzeit: 1¾–2 Stunden

Zutaten (für Springform, Ø 26 cm)

Für den Teig

100 g weiche Butter oder Margarine
(evtl. ohne Milchanteil)

85 g Zucker

evtl. 1 P Vanillezucker

1 Ei

50 g Mehl-Mix C von Schär

50 g Mehl-Mix Plus von Hammermühle

50 g Speisestärke

1 P Backpulver

Öl, Butter oder Margarine (evtl. ohne
Milchanteil) zum Einfetten der Form

Für den Belag

750 g frische rote Johannisbeeren (Träuble)

5 Eier

ein paar Körnchen Salz

200 g Zucker

85 g geriebene Mandeln

Zubereitung

Johannisbeeren putzen, waschen und abtropfen lassen.

Butter mit Zucker und evtl. Vanillezucker
verrühren, bis kein Zucker mehr sichtbar
ist. 5 Eier trennen. 5 Eigelb und 1 Ei zur
Fett-Zucker-Mischung geben und möglichst gut verrühren.

Mehle mit Speisestärke und Backpulver
mischen. Das Ganze zur anderen Mischung geben und so lange rühren, bis
sich alles gut gemischt hat. Der Teig sollte
streichfähig sein. Die Backform fetten.

Eiweiß zu Eischnee schlagen, Salz zugeben, Zucker einrieseln lassen und dabei
weiterschlagen. Der Eischnee muss ganz
fest sein. Vorsichtig mit einem Löffel die
geriebenen Mandeln unter den Eischnee
mischen.

Backofen vorheizen. Teig in die Form füllen. Weil der Teig in der Mitte stärker geht
als am Rand, mithilfe eines Teigschabers
in der Mitte eine Kuhle formen. Dann ist
der Boden nach dem Backen ziemlich
eben.

Etwa $^1/_3$ der Eischneemasse vorsichtig mit
den Johannisbeeren mischen. Das Ganze
vorsichtig auf den Teig schichten. Dann
ebenfalls vorsichtig die restliche Eischneemasse darüber verstreichen.

Auf unterster Schiene im vorgeheizten
Backofen bei 180–190 °C, Umluft bei 160–
170 °C für 20–30 Minuten backen, bis die
Eischneemasse anfängt, braun zu werden.

TIPPS UND HINWEISE

Probieren Sie frischen Rhabarber anstelle der
Johannisbeeren.

Nusskuchen

Schwierigkeitsgrad: für Anfänger
Kann laktosearm oder laktosefrei zubereitet
werden

> **Arbeitszeit: 20–30 Minuten**
> **Gesamtzeit: ca. 1 Stunde**

Zutaten (für ein Blech)

Für den Teig

Backpapier

3 Eier

200 g Zucker

evtl. 1 P Vanillezucker

250 g gemahlene Haselnüsse

125 g Mehl-Mix C von Schär

125 g Mehl-Mix Plus von Hammermühle

1 P Backpulver

125–150 ml Milch (evtl. laktosearm oder
Wasser und ¾ TL Öl)

Für den Guss

250 g Puderzucker

2–4 EL starker Kaffee

1 EL Butter (oder Margarine ohne
Milchanteil)

Zubereitung

Blech mit Backpapier auslegen. Eier mit
Zucker und evtl. Vanillezucker schaumig
rühren, dann Haselnüsse unterrühren.
Backofen vorheizen.

Mehle mit Backpulver mischen, zur anderen Mischung geben und zu einem gleichmäßigen Teig verrühren. Danach so lange
Milch (oder Wasser und Öl) zugeben, bis
der Teig gut streichfähig ist.

Den Teig mithilfe eines Teigschabers
gleichmäßig auf dem Blech verteilen. Auf
unterster Schiene im vorgeheizten Backofen bei 170–180 °C, Umluft bei 150–
160 °C für 20–30 Minuten backen, bis der
Teig anfängt, braun zu werden. Während
dieser Zeit den Puderzucker in eine Schüssel sieben und den Kaffee kochen.

Sobald der Kuchen aus dem Ofen genommen wird, die Butter (oder Margarine) in
einem kleinen Topf schmelzen, gleich
zum Puderzucker geben und mit einer Gabel unterrühren. Nach und nach Kaffee
dazugeben und weiterrühren, bis der Guss
relativ flüssig ist. Den Guss dann schnell
mit einem Pinsel auf dem noch warmen
Kuchen verstreichen. Wenn der Guss hart
ist, den Kuchen auf dem Blech nur leicht
mit Alufolie abdecken. Da der Guss empfindlich ist, die Kuchenstücke beim Servieren nicht übereinanderlegen.

> **TIPPS UND HINWEISE**
>
> Wenn Sie den Kuchen transportieren wollen,
> sollten Sie ein Blech mit passender Plastikhaube verwenden. Der Kuchen schmeckt
> genauso gut, wenn Sie ihn mit Mandeln statt
> Nüssen backen.

Baumkuchenecken

Schwierigkeitsgrad: für Fortgeschrittene
Kann laktosearm oder laktosefrei zubereitet
werden

Arbeitszeit: 1½ Stunden
Gesamtzeit: ca. 5 Stunden

Zutaten (für Springform, Ø 26 cm)

Für den Teig

Öl, Butter oder Margarine (evtl. ohne
Milchanteil) zum Einfetten der Form

250 g weiche Butter oder Margarine
(evtl. ohne Milchanteil)

250 g Zucker

evtl. 1 P Vanillezucker

6 Eier

4 Tropfen Rumaroma

75 g Mehl-Mix C von Schär

75 g Mehl-Mix Plus von Hammermühle

100 g Speisestärke

1 P Backpulver

25–30 ml Milch (evtl. laktosearm oder
Wasser)

Für die Glasur

evtl. 150 g Aprikosen- oder Orangen-
marmelade

85–90 g Vollmilchkuvertüre (nicht bei
laktosearmer oder laktosefreier Zubereitung)

85–90 g Zartbitterkuvertüre
(evtl. 170–180 g)

Butterbrotpapier

Zubereitung

Form fetten. Butter oder Margarine mit
Zucker und evtl. Vanillezucker so lange
rühren, bis der Zucker nicht mehr erkennbar ist.

4 Eier trennen. 2 Eier und 4 Eigelb zur Fett-
mischung geben, möglichst gut verrühren. Dann Rumaroma hineintropfen, gut
mischen. Backofen vorheizen.

Mehle mit Speisestärke und Backpulver
mischen, zur anderen Mischung geben
und mit einem Mixer so lange rühren, bis
keine Mehl- und Fettklümpchen mehr erkennbar sind. Nach und nach die Milch
(Wasser) zugeben und unterrühren, bis der
Teig zähflüssig ist. Dann das Eiweiß zu Eischnee schlagen und vorsichtig in den
Teig rühren.

So viel Teig in die Springform füllen und
verstreichen (etwa 3–4 EL), bis der Boden
bedeckt ist. Auf unterster Schiene im vorgeheizten Backofen bei 170–180 °C, Umluft bei 150–160 °C backen, bis der Teig
braun wird. Dann eine weitere Schicht
Teig auf die fertige Schicht füllen und wieder backen. Nach und nach auf diese Weise weitere Schichten backen. Wenn die
letzte Schicht fertig ist, den Kuchen herausnehmen und auskühlen lassen.

Die Arbeitsfläche mit Butterbrotpapier
auslegen. Den Kuchen in Streifen, die
Streifen in Rauten schneiden. Die Stücke
in ausreichendem Abstand auf das Butter-

brotpapier legen. Evtl. die Marmelade gut durchrühren und vorsichtig mit einem Pinsel auf den Kuchenstücken verteilen.

Die Kuvertüre nach Angaben des Herstellers verflüssigen und mit einem Pinsel auf die Kuchenstücke streichen oder vorsichtig auf die Marmelade auftupfen. Wenn die Glasur ausgehärtet ist, die Kuchenstücke in einer gut schließenden Plastikdose verpacken.

Zubereitung

Eier trennen. Eigelb mit 5 EL lauwarmem Wasser schaumig rühren. Zucker und Zitronenaroma zugeben, gut unterrühren.

Mehle mit Backpulver mischen, zur anderen Mischung geben und so lange rühren, bis keine Mehlklümpchen mehr erkennbar sind. Eiweiß steif schlagen und vorsichtig unter den Teig rühren. Teig mit einem Esslöffel ins Waffeleisen füllen und backen. Die Waffeln auf einem Rost gut auskühlen lassen, bevor sie auf einen Kuchenteller gelegt werden.

Waffeln

Schwierigkeitsgrad: für Anfänger
Laktosefrei
Für die Zubereitung brauchen Sie
ein Waffeleisen

Arbeitszeit: 45–60 Minuten

Zutaten (für ca. 12 Waffeln)

5 Eier

100 g Zucker

½ TL Zitronenaromapulver

75 g Mehl-Mix C von Schär

75 g Mehl-Mix Plus von Hammermühle

1 TL Backpulver

Öl, Butter oder Margarine (evtl. ohne Milchanteil) zum Einfetten des Waffeleisens

Cremeschnitten/ Fruchtschnitten

Schwierigkeitsgrad: für Profis
Cremeschnitten können laktosearm zubereitet
werden, Fruchtschnitten sind laktosefrei

Arbeitszeit: 1–1½ Stunden
Gesamtzeit: 3–3½ Stunden

Zutaten

Für die Cremefüllung
Schokoladenpuddingpulver für 500 ml Milch
400 ml Milch (evtl. laktosearm)
200 ml Sahne (evtl. laktosearm)
2 P Sahnesteif
Für die Fruchtfüllung
ca. 500 g Obst (frisch, aufgetaut oder
aus dem Glas, z. B. Kirschen, Himbeeren,
Erdbeeren)
300–350 ml Obstsaft (oder Wasser)
100 g Zucker
6 EL Speisestärke
Für den Teig (ein Blech)
Backpapier
200 g weiche Butter oder Margarine
(evtl. ohne Milchanteil)
170 g Zucker
evtl. 1 P Vanillezucker
4 Eier
100 g Mehl-Mix C von Schär
100 g Mehl-Mix Plus von Hammermühle
100 g Speisestärke
¾–1 P Backpulver

Zubereitung

Cremefüllung: Schokoladenpuddingpulver für 500 ml Milch mit nur 400 ml
Milch, ansonsten aber nach Angaben des
Herstellers zubereiten, abkühlen lassen
und in den Kühlschrank stellen.
Direkt vor dem Füllen die Sahne steif
schlagen. Sahnesteif nach und nach einrieseln, dabei weiterschlagen. Dann die
Sahne zum Pudding geben und gut durchrühren.

Fruchtfüllung: Frisches Obst waschen,
evtl. entsteinen. Aufgetautes Obst und
Obst aus dem Glas gut abtropfen lassen
und den Saft auffangen.
Obst mit 200–250 ml Obstsaft oder Wasser
und Zucker zum Kochen bringen, dabei
gelegentlich umrühren. Währenddessen
die Speisestärke anrühren.
Speisestärke in etwa 100 ml kaltem Saft
oder Wasser rühren, bis sie sich gut gelöst
hat. Dann zum kochenden Obst geben
und unter Rühren kurz aufkochen lassen.
In eine Schüssel füllen, abkühlen lassen
und in den Kühlschrank stellen.

Teig: Blech mit einem Backpapier auslegen. Butter oder Margarine mit dem Zucker und evtl. dem Vanillezucker rühren,
bis kein Zucker mehr erkennbar ist. Eier
zugeben und so gut wie möglich verrühren. Backofen vorheizen.

Mehle mit Speisestärke und Backpulver mischen, dann zur anderen Mischung geben, gut verrühren. Es dürfen keine Mehl- oder Fettklümpchen mehr erkennbar sein. Der Teig sollte gut streichfähig sein.

Teig mithilfe eines Teigschabers gleichmäßig auf dem Blech verteilen. Auf unterster Schiene im vorgeheizten Backofen bei 180–190 °C, Umluft bei 160–170 °C für 20–25 Minuten backen, bis der Teig anfängt, braun zu werden. Den Kuchen sofort mit dem Backpapier vom heißen Blech ziehen, etwa 10 Minuten auskühlen lassen und dann gleich weiterverarbeiten oder in Alufolie verpacken.

Füllen: Eine Servierplatte und die Füllung bereitstellen. Den Kuchen in drei oder vier möglichst gleich breite Streifen schneiden (am besten ausmessen). Ein passendes Brettchen unter das Backpapier des ersten Streifens schieben. Den Streifen mithilfe des Brettchens so weit anheben, dass man mit einer Schere das Backpapier entlang der Schnittkante des Kuchens durchschneiden kann. Den Streifen auf dem Backpapier mit dem Brettchen vom Blech nehmen und auf der Arbeitsfläche ablegen. Dann das Backpapier an beiden Enden des Streifens anfassen und ganz zügig mit der Kuchenseite nach unten auf die Platte legen. Das Backpapier abziehen. Etwa die Hälfte der Füllung auf dem Kuchenstreifen verteilen. Einen weiteren Kuchenstreifen auf die Füllung legen. Dabei genauso arbeiten wie für den 1. Streifen beschrieben. Die zweite Hälfte der Füllung auf diesem Streifen verteilen und wieder einen Kuchenstreifen auflegen und kühl stellen. Den Kuchen sofort in Alufolie verpacken. Etwa eine ½ Stunden vor dem Servieren aus dem Kühlschrank nehmen.

TIPPS UND HINWEISE

Sie können auch eine Füllung aus Vanillepudding und Sahne zubereiten und/oder unter die Creme etwas Obst legen, z. B. Mandarinen aus der Dose. Wenn Sie vier Kuchenstreifen geschnitten haben, können Sie den vierten Streifen halbieren und ihn mit Marmelade oder Nutella füllen. Kinder essen diesen Kuchen wahrscheinlich lieber als die Creme- oder Fruchtschnitten.

Quark-Sahnetorte

Schwierigkeitsgrad: für Anfänger
Kann laktosearm zubereitet werden

Arbeitszeit: 30–45 Minuten
Gesamtzeit: 3½–4 Stunden

Zutaten (für Springform, Ø 26 cm)

Für den Teig

Öl, Butter oder Margarine (evtl. ohne
Milchanteil) zum Einfetten der Form

80 g weiche Butter oder Margarine
(evtl. ohne Milchanteil)

80 g Zucker

evtl. 1 P Vanillezucker

2 Eier

45 g Mehl-Mix C von Schär

40 g Mehl-Mix Plus von Hammermühle

1 TL Backpulver

Für den klassischen Belag

ca. 500 g Obst (frisch oder aus der Dose, z. B.
Aprikosen, Himbeeren, Pfirsiche)

3 Eier

2–3 EL Zitronensaft

Gelatine für 700–750 ml Masse (siehe
Anleitung des Herstellers)

500 g Quark (20 % oder 40 % Fett oder
Magerquark, evtl. laktosearm)

200 g Sahne (evtl. laktosearm)

100 g Zucker

Puderzucker zum Bestreuen

Für den fettarmen Belag

ca. 500 g Obst (frisch oder aus der Dose,
z. B. Aprikosen, Himbeeren, Pfirsiche)

Gelatine für 800 ml Masse (siehe Anleitung
des Herstellers)

500 g Magerquark (evtl. laktosearm)

ca. 60–80 ml Mineralwasser

200 g saure Sahne (evtl. laktosearm)

100 g Vanillejoghurt (3,5 % Fett,
evtl. laktosearm)

1 TL Vanillearomapulver

100 g Zucker

Puderzucker zum Bestreuen

Zubereitung

Boden: Form einfetten. Butter oder Margarine mit Zucker und evtl. Vanillezucker so lange rühren, bis der Zucker nicht mehr erkennbar ist. Eier zugeben und möglichst gut verrühren.

Backofen vorheizen. Mehle mit Backpulver mischen, zur anderen Mischung geben und so lange rühren, bis keine Mehl- oder Fettklümpchen mehr erkennbar sind. Der Teig sollte zähflüssig sein.

Teig in die Form füllen. Auf unterster Schiene im vorgeheizten Backofen bei 170–180 °C, Umluft bei 150–160 °C für 20–25 Minuten backen, bis der Boden anfängt, braun zu werden. Noch etwa 5 Minuten im ausgeschalteten Ofen stehen und dann auskühlen lassen. Währenddessen das Obst und die Creme vorbereiten.

Bitte beachten: Wird die Torte in einer Springform aus Metall zubereitet, sollte der Ring der Springform mit Butterbrotpapier ausgekleidet werden, sonst könnte die Creme den Ring oxidieren und an den Rändern fleckig werden.

Klassischer Belag: Obst waschen, abtropfen lassen und evtl. in Stücke schneiden, sodass man sie gut auf dem Boden verteilen kann. Zitrone auspressen.
Gelatine nach Herstellerhinweis vorbereiten. Bei manchen Sorten muss der Zucker nach der Gelatine zugegeben werden. Bitte dies unbedingt beachten und die Zubereitung entsprechend verändern.
Eier trennen. Eigelb mit Zucker und evtl. Vanillezucker schaumig rühren. Zunächst den Quark zugeben und glatt rühren. Danach den Zitronensaft unterrühren.
Zuerst das Eiweiß zu Eischnee, danach die Sahne steif schlagen. Geschlagene Sahne unter die Quarkmasse rühren.
Obst auf dem Boden verteilen. Eischnee vorsichtig unter die Masse rühren. Gelatine zügig in die Masse einrühren. Die Masse sofort über dem Obst verteilen und mit einem Teigschaber glätten. Den Kuchen für mindestens 2 Stunden in den Kühlschrank stellen. Evtl. direkt vor dem Servieren mit Puderzucker bestreuen.

Fettarmer Belag: Obst waschen, abtropfen lassen und evtl. in Stücke schneiden, sodass man sie gut auf dem Boden verteilen kann.
Gelatine nach Herstellerhinweis vorbereiten. Bei manchen Sorten muss der Zucker nach der Gelatine zugegeben werden. Bitte dies unbedingt beachten und die Zubereitung entsprechend verändern.
Quark mit Mineralwasser cremig rühren. Saure Sahne, Vanillejoghurt, Vanillearoma und Zucker zugeben. Alles gut verrühren. Obst auf dem Boden verteilen. Gelatine zügig in die Masse einrühren. Die Masse sofort über dem Obst verteilen und mit einem Teigschaber glätten. Den Kuchen für mindestens 2 Stunden in den Kühlschrank stellen. Evtl. direkt vor dem Servieren mit Puderzucker bestreuen.

TIPPS UND HINWEISE

Lassen Sie an heißen Sommertagen die Torte bis zum Servieren im Kühlschrank stehen. Dann schmeckt sie besonders gut.

Mürbeteigboden

Schwierigkeitsgrad: für Anfänger
Laktosefrei

Arbeitszeit: 15–20 Minuten
Gesamtzeit: 1¾–2 Stunden

Zutaten (für Springform, Ø 26 cm)

75 g Zucker

evtl. 1 P Vanillezucker

75 g kalte Butter oder Margarine
(evtl. ohne Milchanteil)

1 Ei

75 g Mehl-Mix C von Schär

75 g Mehl-Mix Plus von Hammermühle

1–1½ TL Backpulver

Öl, Butter oder Margarine (evtl. ohne
Milchanteil) zum Einfetten der Form

TIPPS UND HINWEISE

Sie können mit diesem Teig auch Torteletts
backen: Legen Sie in die gut gefetteten
Tortelettformen einen breiten Streifen
Backpapier, der auf beiden Seiten ein
Stückchen über den Rand der Form hinaus-
ragt. Daran können Sie dann anfassen und die
Torteletts nach dem Backen leichter aus der
Form stürzen.

Zubereitung

Zucker, evtl. Vanillezucker und die Butter oder Margarine so lange rühren, bis kein Zucker mehr erkennbar ist. Das Ei zugeben und möglichst gut verrühren.

Die Mehle mit dem Backpulver mischen und zur anderen Mischung geben. Das Ganze mit einem Kochlöffel so lange rühren, bis keine Mehl- oder Fettklümpchen mehr sichtbar sind. Der Teig fühlt sich feucht und leicht klebrig an, darf aber nicht an den Fingern kleben bleiben.

Den Teig in einem gut verschlossenen Gefäß mindestens 1 Stunde in den Kühlschrank stellen.

Den Backofen vorheizen. Die Kuchenform fetten. Den Teig möglichst zügig auf dem Boden der Form verteilen, evtl. einen schmalen Rand formen.

Auf unterster Schiene im vorgeheizten Backofen bei 170–180 °C, Umluft 150–160 °C für 10–20 Minuten backen, bis der Boden anfängt, braun zu werden.

Käsekuchen

Schwierigkeitsgrad: für Anfänger

Kann laktosearm zubereitet werden

Arbeitszeit: 30–40 Minuten
Gesamtzeit: ca. 2 Stunden

Zutaten (für Springform, Ø 26 cm)

Für den Teig

75 g Zucker

evtl. 1 P Vanillezucker

75 g kalte Butter oder Margarine
(evtl. ohne Milchanteil)

1 Ei

75 g Mehl-Mix C von Schär

75 g Mehl-Mix Plus von Hammermühle

1–1½ TL Backpulver

Öl, Butter oder Margarine (evtl. ohne
Milchanteil) zum Einfetten der Form

Für den Belag

etwa 400 g Obst (frisch oder aus der Dose,
z. B. Blaubeeren, Himbeeren, Mandarinen)

3 Eier

60 g Zucker

evtl. 1 P Vanillezucker

250 g Quark (20 % oder 40 % Fett oder
Magerquark, evtl. laktosearm)

200 g saure Sahne (evtl. laktosearm)

3 EL Speisestärke

Zubereitung

Zucker, evtl. Vanillezucker mit der Butter oder Margarine so lange rühren, bis kein Zucker mehr erkennbar ist. Das Ei zugeben und möglichst gut verrühren.

Die Mehle mit dem Backpulver mischen und zur anderen Mischung geben. Das Ganze mit einem Kochlöffel so lange rühren, bis keine Mehl- oder Fettklümpchen mehr erkennbar sind. Der Teig sollte sich feucht und leicht klebrig anfühlen, darf aber nicht an den Fingern kleben. Den Teig in einem gut verschlossenen Gefäß für mindestens 1 Stunde in den Kühlschrank stellen. Inzwischen das Obst vorbereiten.

Frisches Obst waschen, unreife und schlechte Beeren auslesen. Dosenobst in einem Durchschlag gut abtropfen lassen.

Die Kuchenform fetten. Den Teig möglichst zügig auf dem Boden der Form verteilen, evtl. einen schmalen Rand formen. Form mit dem Teig wieder in den Kühlschrank stellen. Backofen vorheizen.

Eier trennen. Das Eigelb mit dem Zucker und evtl. Vanillezucker gut durchrühren. Mit Quark und saurer Sahne zu einer Creme verrühren. Darauf die Speisestärke verteilen und ebenfalls gut unterrühren.

Das Obst auf dem Teig verteilen. Eiweiß zu Eischnee schlagen, auf die Creme geben und vorsichtig unterrühren. Anschließend die Creme vorsichtig über das Obst gießen und die Oberfläche mit einem Esslöffel glatt streichen.

Auf unterster Schiene im vorgeheizten Backofen bei 170–180 °C, Umluft 150–160 °C für 30–40 Minuten backen, bis der Belag anfängt, braun zu werden. Dann den Ofen ausschalten und den Kuchen noch weitere 5 Minuten bei geschlossener Tür darin stehen lassen. Dann im Abstand von 5–10 Minuten die Backofentür immer weiter öffnen, damit der Käsekuchen langsam auskühlen kann und nicht zusammenfällt.

TIPPS UND HINWEISE

Der Lieblingskuchen unserer Gäste: Käsekuchen mit frischen Erdbeeren. Natürlich können Sie den Käsekuchen auch klassisch mit Rosinen in der Quarkmasse zubereiten.

Apfelkuchen vom Blech

Schwierigkeitsgrad: für Anfänger
Kann laktosearm zubereitet werden

Arbeitszeit: 30–45 Minuten
Gesamtzeit: 1¼–1¾ Stunden

Zutaten (für ein Blech)

etwa 1 kg schmackhafte Äpfel
Backpapier
150 g Quark (20 % oder 40 % Fett oder
Magerquark, evtl. laktosearm)
8 EL Milch (evtl. laktosearm)
6 EL Öl
75 g Zucker
evtl. 1 P Vanillezucker
150 g Mehl-Mix C von Schär
150 g Mehl-Mix Plus von Hammermühle
1¼–1½ P Backpulver
evtl. etwas Zimt

Zubereitung

Äpfel schälen, vierteln, das Gehäuse entfernen und die Viertel in dünne Scheiben schneiden. Backblech mit Backpapier auslegen.

Quark mit Milch und Öl cremig rühren, dann den Zucker und evtl. den Vanillezucker unterrühren.

Mehle mit Backpulver mischen, dann zur Quarkmischung geben, erst rühren, dann gut durchkneten. Der Teig darf keine Risse bilden, sollte aber nicht kleben.

Den Teig auf dem Blech verteilen. Den Backofen vorheizen. Die Apfelscheiben dicht bei dicht auf den Teig legen. Evtl. mit Zimt bestreuen.

Auf unterster Schiene im vorgeheizten Backofen bei 170–180 °C, Umluft bei 150–160 °C für 30–40 Minuten backen, bis der Teig anfängt, braun zu werden. Evtl. noch 5 Minuten im ausgeschalteten Ofen stehen lassen.

TIPPS UND HINWEISE

Als Obst eignen sich auch gut Birnen, Pfirsiche, Aprikosen und Kirschen.

Apfeltaschen
Schwierigkeitsgrad: für Profis
Können laktosearm zubereitet werden

Arbeitszeit: 40–50 Minuten
Gesamtzeit: 1–1½ Stunden

Zutaten (für 6–8 Stück, je nach Größe)

Für die Füllung

2–3 Äpfel

evtl. etwas Zucker

Für den Teig

Backpapier

75 g Quark (20 % oder 40 % Fett oder
Magerquark, evtl. laktosearm)

4 EL Milch (evtl. laktosearm)

3 EL Öl

75 g Zucker

evtl. 1 P Vanillezucker

75 g Mehl-Mix C von Schär

75 g Mehl-Mix Plus von Hammermühle

2 TL Backpulver

Zubereitung

Äpfel schälen, in kleine Stücke schneiden
und in einem Topf mit wenig Wasser (den
Boden bedeckt) bei geringer Wärmezufuhr
dämpfen, bis die Äpfel zerfallen. Dabei ab
und zu umrühren. Evtl. etwas Zucker zugeben und unterrühren. Abkühlen lassen.
Währenddessen den Teig vorbereiten.
Backblech mit Backpapier auslegen. Quark
mit Milch und Öl cremig rühren. Zucker

und evtl. Vanillezucker zugeben und unterrühren.
Mehle mit Backpulver mischen, zur
Quarkmischung geben, rühren, dann gut
durchkneten. Der Teig darf keine Risse bilden, sollte aber nicht kleben.
Backofen vorheizen, Teigmatte gut mit
Mehl bestäuben. Bezug über das Nudelholz ziehen. Den Teig auf der Matte ausrollen und in Quadrate schneiden. Auf
eine Hälfte des Quadrats Apfelkompott geben, den Rand aber frei lassen. Mit einem
Messer die andere Hälfte des Quadrats von
der Teigmatte lösen, hochklappen und
über die Füllung klappen. Die Tasche von
der Teigmatte lösen, die Ränder gut zudrücken und die Tasche auf das Backblech legen. Sollten sich beim Falten Risse gebildet haben, diese einfach zudrücken.
Auf unterster Schiene im vorgeheizten
Backofen bei 170–180 °C, Umluft bei 150–
160 °C je nach Größe für 15–25 Minuten
backen, bis der Teig anfängt, braun zu werden. Apfeltaschen auf einem Rost auskühlen lassen und dann in eine gut schließende Plastikdose legen.

TIPPS UND HINWEISE

Sie können die kalten Apfeltaschen auch
mit einem Puderzuckerguss bestreichen.
Wenn es schnell gehen muss: Füllen Sie die
Taschen mit Apfelmus aus dem Glas oder
Marmelade.

Pflaumenkuchen

Schwierigkeitsgrad: für Anfänger
Kann laktosearm und laktosefrei zubereitet
werden

Arbeitszeit: ca. 1 Stunde
Gesamtzeit: ca. 2¾ Stunden

Zutaten (für ein Blech)

½–1 kg frische Pflaumen

Backpapier

75 g Zucker

1 Ei

5 EL Öl

185 g Mehl-Mix C von Schär

190 g Mehl-Mix Plus von Hammermühle

1 P Trockenhefe

1 P Backpulver

evtl. 100–125 ml Milch (evtl. laktosearm
oder Wasser und ½ TL Öl)

evtl. 1–2 EL Zucker

evtl. etwas Zimt

Zubereitung

Pflaumen waschen, entsteinen und vierteln. Das Blech mit einem Backpapier auslegen.
Ei und Zucker schaumig rühren, das Öl zugeben und wieder gut rühren.
Mehle mit Hefe und Backpulver mischen, zur anderen Mischung geben, erst mit einem Kochlöffel gut rühren, dann kneten. Nach und nach Milch (oder Wasser und

Öl) unterkneten, bis der Teig nicht mehr rissig ist. Er sollte aber auch nicht kleben. Den Teig auf dem Blech verteilen, evtl. mithilfe eines kleinen Teigrollers, und gehen lassen. Dann die Pflaumenstücke dicht hintereinander in den Teig stecken. Noch einmal gehen lassen. Wenn der Teig schlecht geht, den Kuchen in den Backofen schieben und bei 60 °C gehen lassen. Evtl. die Pflaumen noch mit Zucker und/oder Zimt bestreuen. Auf unterster Schiene im Backofen bei 180–190 °C, Umluft 160–170 °C für 35–45 Minuten backen. Noch 5–10 Minuten im ausgeschalteten Ofen stehen lassen.

TIPPS UND HINWEISE

Auch herzhafte Äpfel eignen sich als Belag für diesen Hefeteig.

Bienenstich/
Trockener Blechkuchen

Schwierigkeitsgrad: Bienenstich für Profis/
Blechkuchen für Anfänger
Kann laktosearm und einige Varianten auch
laktosefrei zubereitet werden

> **Arbeitszeit: 45–60 Minuten**
> **Gesamtzeit: 2½–2¾ Stunden**

Zutaten (für ein Blech)

(Werte in Klammern für trockenen Kuchen)

Für den Teig

Backpapier

150 g (100 g) weiche Butter oder Margarine
(evtl. ohne Milchanteil)

150 g (100 g) Zucker

evtl. 1 P Vanillezucker

3 (2) Eier

375 g (250 g) Mehl-Mix C von Schär

375 g (250 g) Mehl-Mix Plus von Hammermühle

1 ½ P (1 P) Trockenhefe

2 P (1½ P) Backpulver

etwa 400–450 ml (250–300 ml) Milch
(evtl. laktosearm oder Wasser und ½ TL Öl)

Für die Glasur

150 g Butter oder Margarine (evtl. ohne
Milchanteil)

150 g Zucker

1 EL Mehl-Mix C von Schär

200 g Mandelblätter

Für die Cremefüllung

900 ml Milch (evtl. laktosearm)

Vanillepuddingpulver für 1 l Milch

Für die laktosefreie Füllung

etwa 500 g Marmelade (z. B. Erdbeer- oder
Kirschmarmelade)

Zubereitung

Vanillepudding nach Angaben des Herstellers zubereiten, aber statt 1 l nur mit
900 ml Milch kochen, damit der Pudding
fester wird. Pudding abkühlen lassen und
in den Kühlschrank stellen.

Für den Bienenstich eine Fettpfanne, für
den trockenen Kuchen ein Blech mit Backpapier auslegen. Butter oder Margarine
mit Zucker und evtl. Vanillezucker so lange rühren, bis kein Zucker mehr erkennbar
ist. Eier zugeben und möglichst gut verrühren.
Mehle mit Hefe und Backpulver mischen,
zur anderen Mischung geben und gut verrühren. Es dürfen keine Mehl- oder Fettklümpchen mehr erkennbar sein. Nach
und nach so viel Milch (oder Wasser und
Öl) zugeben, bis der Teig streichfähig ist.
Den Teig auf das Blech streichen und gehen lassen. Wenn der Teig nicht gut geht,
bei 60 °C im Backofen gehen lassen.
Gegen Ende der Gehzeit die Glasur vorbereiten.

Für die Glasur die Butter oder Margarine in einem kleinen Topf schmelzen. Erst den Zucker in das flüssige Fett rühren, dann das Mehl und zum Schluss die Mandelblätter. Die Glasur mit einem Esslöffel sehr vorsichtig auf dem Teig verteilen und mit einem Pinsel gleichmäßig verstreichen.
Auf unterster Schiene im Backofen bei 200–210 °C, Umluft 180–190 °C für 15–20 Minuten backen, bis die Glasur anfängt, braun zu werden. Im ausgeschalteten Ofen noch weitere 5–10 Minuten stehen und dann auskühlen lassen.

Für die Füllung den kalten Kuchen auf dem Blech in mehrere Streifen, die Streifen jeweils in 2–3 Stücke schneiden. Die entstandenen Stücke vorsichtig herunternehmen (schieben Sie einfach ein Brettchen passender Größe unter das Stück), mit einem scharfen Messer parallel zu Oberfläche aufschneiden. Zwischen das untere und obere Stück ein zweites Brettchen schieben und das obere Stück damit zur Seite legen. Das untere Stück mit Vanillepudding oder Marmelade bestreichen und das obere wieder daraufsetzen.
Das fertig gefüllte Stück mithilfe eines Brettchens auf eine Kuchenplatte legen.

TIPPS UND HINWEISE

Der Bienenstich schmeckt auch mit Buttercreme oder einer Füllung aus Schokoladencreme. Das essen Kinder gern.

Schnecken

Schwierigkeitsgrad: für Profis
Können laktosearm und laktosefrei zubereitet
werden

Arbeitszeit: 20–30 Minuten
Gesamtzeit: ca. 2 Stunden

Zutaten (für 8–10 Stück)

Für den Teig

125 g Mehl-Mix C von Schär

125 g Mehl-Mix Plus von Hammermühle

¼ TL Johannisbrotkernmehl

1 TL Trockenhefe

2 TL Backpulver

20 g Zucker

etwas Salz

150–175 ml Milch (evtl. laktosearm oder
Wasser und ½ TL Öl)

20 ml Öl

Backpapier

Für die Aprikosenschnecken

20–25 g weiche Butter oder Margarine
(evtl. ohne Milchanteil)

200 g Aprikosen

Für die Quarkschnecken

250 g Quark (20 % oder 40 % Fett oder
Magerquark, evtl. laktosearm)

Puddingpulver für Vanillepudding zum
Backen für 250 ml Milch

evtl. 30–50 g Rosinen

Für die Rosinenschnecken

20–25 g weiche Butter oder Margarine
(evtl. ohne Milchanteil)

200 g Rosinen

Zubereitung

Mehle mit Johannisbrotkernmehl, Hefe,
Backpulver, Zucker und Salz mischen.
Nach und nach Milch (oder Wasser), zwi-
schendurch Öl und dann wieder Milch
(Wasser) zugeben, rühren und kneten, bis
der Teig keine Risse mehr bildet, aber auch
nicht an den Händen klebt. Den Teig in
der Schüssel zugedeckt mit einem Hand-
tuch an einem warmen Ort gehen lassen
(oder im Backofen bei 40–50 °C).

Füllung vorbereiten: Evtl. Aprikosen in
kleine Stückchen schneiden oder Puddingpulver und evtl. Rosinen in den Quark
rühren.

Ein Blech und die Arbeitsfläche mit Backpapier auslegen. Alle Dinge, die für die
weitere Zubereitung notwendig sind, be-
reitlegen. Die Anleitung genau lesen, da
anschließend zügig gearbeitet werden
muss.

Backpapier auf der Arbeitsfläche großzügig
mit Mehl (von Hammermühle) bestreuen
und es mit der Hand gleichmäßig verteilen. Den Bezug über das Nudelholz ziehen. Den Teig kontrollieren, noch einmal
durchkneten und vorsichtig möglichst
rechteckig etwa 2–3 mm dick ausrollen.

Für die Rosinen- und Aprikosenschnecken die Butter oder Margarine vorsichtig und zügig auf dem Teig verteilen, darauf dann die Rosinen oder Aprikosenstückchen. Für die Quarkschnecken den Quark vorsichtig und gleichmäßig auf dem Teig verteilen.

Vorsichtig, aber zügig den Teig mithilfe des Backpapiers eng aufrollen. Dabei das Papier abziehen, sobald es einen Teil des Teiges bis oben hin aufgerollt hat. Wenn dabei kleine Risse entstehen, können diese einfach zugedrückt werden. Dann mit einem sehr scharfen Messer vorsichtig etwa daumendicke Scheiben abschneiden. Jede Scheibe sofort mithilfe von zwei Pfannenwendern flach auf das Backblech legen. Wenn am Messer und den Pfannenwendern Teig oder Füllung kleben, diese vor dem Weiterarbeiten abwischen.

Die Schnecken auf dem Backblech gehen lassen, evtl. bei 60 °C im Backofen.

Auf unterster Schiene im Backofen bei 170–180 °C, Umluft bei 150–160 °C für 15–20 Minuten backen, bis der Teig oder die Füllungen anfangen, braun zu werden. Noch 5–10 Minuten im ausgeschalteten Ofen stehen lassen. Nach dem Abkühlen sofort in eine gut schließende Plastikdose legen.

TIPPS UND HINWEISE

Wer es gern süß mag, kann die Schnecken auch noch mit einem Guss aus Puderzucker bestreichen. Die Schnecken lassen sich gut in einer Plastikdose transportieren.

Pudding-/Quarkteilchen

Schwierigkeitsgrad: für Fortgeschrittene
Können laktosearm zubereitet werden

**Arbeitszeit: 35–45 Minuten
Gesamtzeit: 1–1¼ Stunden**

Zutaten (für 6–8 Stück, je nach Größe)

Für den Teig

Öl, Butter oder Margarine (evtl. ohne Milchanteil) zum Einfetten der Tortelettformen

einige Streifen Backpapier

75 g Quark (20 % oder 40 % Fett oder
Magerquark, evtl. laktosearm)

4 EL Milch (evtl. laktosearm)

3 EL Öl

75 g Zucker

evtl. 1 P Vanillezucker

75 g Mehl-Mix C von Schär

75 g Mehl-Mix Plus von Hammermühle

2 TL Backpulver

Für die Puddingcreme

einige kleine Fruchtstückchen zum Verzieren

250 ml Milch (evtl. laktosearm)

backfestes Puddingpulver für 250 ml
Flüssigkeit

Für die Quarkcreme

einige kleine Fruchtstückchen zum Verzieren

250 g Quark (20 % oder 40 % Fett oder
Magerquark, evtl. laktosearm)

2–3 EL Milch (evtl. laktosearm)

backfestes Puddingpulver für 250 ml
Flüssigkeit

Zubereitung

Tortelettformen gut einfetten. In jede
Form einen mindestens 4 cm breiten Streifen Backpapier legen. Er sollte so lang sein,
dass man ihn daran beim Stürzen der Teilchen gut anfassen kann. Obst zum Verzieren vorbereiten.

Quark, Milch und Öl cremig verrühren,
dann Zucker und evtl. Vanillezucker unterrühren.

Mehle mit Backpulver mischen und zur
anderen Mischung geben. Erst mit einem
Kochlöffel rühren, dann gut durchkneten.
Der Teig sollte keine Risse bilden, aber
auch nicht an den Händen kleben.

Den Boden der Tortelettformen mit Teig
auslegen. Aus 2–3 kleinen Teigrollen einen
dünnen Rand formen. Backofen vorheizen.

Die Cremes vorbereiten: Puddingcreme
nach Angaben des Herstellers zubereiten.
Bei der Quarkcreme wird die Flüssigkeitsmenge durch den Quark, in den 2–3 EL
Milch hineingerührt werden, ersetzt. Die
Creme in die Teigformen füllen, evtl. mit
kleinen Obststückchen in der Mitte verzieren. Auf unterster Schiene im vorgeheizten Backofen bei 170–180 °C, Umluft bei
150–160 °C für 20–25 Minuten backen, bis
der Teig zu bräunen beginnt. Die Teilchen
sofort aus den Formen stürzen und auf einem Rost auskühlen lassen. Danach in
eine gut schließende Plastikdose legen.

Stollen

Schwierigkeitsgrad: für Anfänger

Kann laktosearm oder -frei zubereitet werden

> **Arbeitszeit: 30–40 Minuten**
> **Gesamtzeit: 2½–3 Stunden**
> **(Rosinen vorher über Nacht einweichen)**

Zutaten (für Kastenform, 28,5 cm lang)

1¼ Röhrchen Rumaroma

125 g Sultaninen (oder Rosinen)

125 g weiche Butter oder Margarine

(evtl. ohne Milchanteil)

75 g Zucker, etwas Salz

1 Ei

60 g gehäutete und geriebene Mandeln

etwas Zitronenaromapulver

2 Tropfen Bittermandelöl

125 g Mehl-Mix C von Schär

125 g Mehl-Mix Plus von Hammermühle

½–1 TL gemahlene Flohsamen

1½ P Hefe (= 1 P + knapp 1 TL)

1½ P Backpulver (= 1 P + 1½ TL)

175–200 ml Milch (evtl. laktosearm oder

Wasser und ½ TL Öl)

evtl. ca. 30 g Zitronat

Öl, Butter oder Margarine (evtl. ohne

Milchanteil) zum Einfetten der Form

Puderzucker zum Bestreuen

Zubereitung

Rosinen über Nacht in 300–500 ml Wasser mit ¾ Röhrchen Rumaroma einweichen.

Danach abtropfen lassen. Butter oder Margarine mit dem Zucker verrühren, bis kein Zucker mehr erkennbar ist. Ei zugeben, gut verrühren. Mandeln, Zitronenaroma, Bittermandelöl und ½ Röhrchen Rumaroma unterrühren.

Mehle mit Flohsamen, Salz, Hefe und Backpulver mischen, zur anderen Mischung geben, erst mit einem Kochlöffel rühren, dann kneten. Nach und nach die Milch (oder Wasser und Öl) sowie Rosinen und evtl. Zitronat zugeben und unterkneten. Der Teig muss zähflüssig sein. Den Teig in der Schüssel an einem warmen Ort gehen lassen (oder im Backofen bei 40–50 °C).

Form fetten. Den Teig kontrollieren, durchkneten, in eine Kastenform füllen und gehen lassen. Wenn er schlecht geht, stellen Sie die Form bei 60 °C in den Backofen. Auf unterster Schiene im Backofen bei 180–190 °C, Umluft bei 160–170 °C für etwa 1 Stunde backen. Wenn der Stollen während dieser Zeit zu braun wird, mit Alufolie abdecken und weiter backen. Noch ca. 10 Minuten im ausgeschalteten Ofen stehen lassen.

Sofort aus der Form stürzen und auf einem Rost auskühlen lassen. Danach in eine gut schließende Plastikdose legen. Vor dem Servieren mit Puderzucker bestreuen.

Biskuitboden

Schwierigkeitsgrad: für Fortgeschrittene
Laktosefrei

Arbeitszeit: 20–30 Minuten
Gesamtzeit: 35–45 Minuten

Zutaten (für Springform, Ø 26 cm)

Öl, Butter oder Margarine (evtl. ohne
Milchanteil) zum Einfetten der Form

20 g Mehl-Mix C von Schär

17 g Mehl-Mix Plus von Hammermühle

25 g Speisestärke

etwas Backpulver

2 Eier

45 g Zucker

Zubereitung

Spingform einfetten. Mehle sieben, mit Speisestärke und Backpulver mischen.

Eier trennen. Eigelb mit 1–1½ EL Wasser schaumig rühren. 30 g Zucker zugeben und weiterrühren.

Eiweiß zu Eischnee schlagen, nach und nach 15 g Zucker einrieseln lassen und weiterschlagen. Den Eischnee vorsichtig auf die Eigelbmasse schichten. Den Backofen vorheizen.

Vorsichtig die Mehlmischung auf der Eischneeschicht verteilen. Dann mit einem Kochlöffel die Mehlmischung vorsichtig, aber vollständig unterrühren, bis keine Mehlklümpchen mehr erkennbar sind. Dabei den Löffel ein paar Mal am Rand der Schüssel abstreifen, weil am Löffel viel Mehl hängenbleibt.

Den relativ flüssigen Teig gleichmäßig auf dem Boden der Springform verteilen. Auf unterster Schiene im vorgeheizten Backofen bei 205–215 °C, Umluft bei 185–195 °C für 5–10 Minuten backen, bis der Boden anfängt, braun zu werden.

TIPPS UND HINWEISE

Biskuitböden können schnell und lecker mit Obst belegt werden.
Wenn Sie eine Torte mit mehreren Böden zubereiten wollen, sollten Sie die Böden mithilfe eines Tortenretters aus der Springform nehmen oder auf die Creme legen.

Biskuitrolle

Schwierigkeitsgrad: für Profis
Kann auch laktosearm oder laktosefrei
zubereitet werden

Arbeitszeit: 45–60 Minuten
Gesamtzeit: 1½–2 Stunden

Zutaten

Für den Teig

Backpapier

75 g Mehl-Mix C von Schär

50 g Speisestärke

etwas Backpulver

4 Eier

85 g Zucker

1 P Vanillezucker

Für die Marmeladenfüllung

etwa 500 g Marmelade nach Wahl

Für die Quarkfüllung

500 g Quark (20 % oder 40 % Fett oder
Magerquark, evtl. laktosearm)

1 P Vanillezucker

etwa 100–150 g Obst (frisch oder aus dem
Glas, z. B. Kirschen, Erdbeeren)

Zubereitung

Backblech mit Backpapier auslegen. Mehl mit Speisestärke und Backpulver mischen und sieben.

Eier trennen. 3 EL Wasser zum Eigelb geben und mit einem Schneebesen schaumig rühren. 60 g Zucker mit dem Vanillezucker mischen, zum Eigelb geben und gut durchrühren.

Das Eiweiß zu Eischnee schlagen. Langsam 25 g Zucker einrieseln lassen und weiterschlagen. Danach den Backofen vorheizen. Den Eischnee vorsichtig über die Eigelbmasse schichten. Die gesiebte Mehlmischung langsam darübergeben. Vorsichtig mit einem Kochlöffel verrühren, bis keine Mehlklümpchen mehr erkennbar sind. Streifen Sie den Kochlöffel dabei mehrmals am Rand der Schüssel ab, weil sich daran viel Mehl sammelt. Den ziemlich flüssigen Teig auf dem Backblech mithilfe eines Teigschabers verteilen.

Im vorgeheizten Backofen bei 205–215 °C, Umluft bei 185–195 °C für 10–20 Minuten auf mittlerer Schiene backen, bis der Teig leicht braun ist. Während dieser Zeit ein zweites Backblech mit frischem Backpapier auslegen.

Den fertig gebackenen Teig sofort auf das zweite Blech stürzen. Das benutzte Backpapier vorsichtig abziehen und den Teig mithilfe des frischen Backpapiers aufrollen. Die Rolle etwa 20–30 Minuten auskühlen lassen. Währenddessen die Füllung vorbereiten.

Für die Marmeladenfüllung die Marmelade gut durchrühren, damit sie streichfähiger wird. Für die Quarkfüllung das Obst klein schneiden und mit dem Quark und dem Vanillezucker verrühren.

Die Rolle vorsichtig mithilfe des Backpapiers wieder abrollen. Die Füllung vorsichtig und gleichmäßig auf dem Teig verteilen. Den Teig sogleich wieder mithilfe des Backpapiers aufrollen. Dabei das Papier abziehen, sobald es einen Teil des Teiges bis oben hin aufgerollt hat.

Die fertige Rolle auf eine Kuchenplatte legen und gleich in Alufolie verpacken. Wer möchte, kann die Rolle direkt vor dem Servieren mit gesiebtem Puderzucker bestreuen.

TIPPS UND HINWEISE

Sie können die Rolle natürlich auch mit Sahne füllen. Dann sollten Sie die Sahne mit Sahnesteif zubereiten.

Fruchtige Joghurttorte

Schwierigkeitsgrad: für Anfänger
Kann laktosearm zubereitet werden

Arbeitszeit: 30–45 Minuten
Gesamtzeit: 3½–4 Stunden

Zutaten (für Springform, Ø 26 cm)

Für den Teig

Öl, Butter oder Margarine (evtl. ohne Milchanteil) zum Einfetten der Form

47 g Mehl-Mix C von Schär

48 g Mehl-Mix Plus von Hammermühle

etwas Backpulver

3 Eier

95 g Zucker

evtl. 1 P Vanillezucker

Für den Belag

400–450 g Obst (frisch oder aus der Dose, z. B. Johannisbeeren, Erdbeeren, Aprikosen)

500 g Naturjoghurt (1,5 % oder 3,5 % Fett, evtl. laktosearm)

300 g saure Sahne (evtl. laktosearm)

85 g Zucker

½ TL Vanillearomapulver

6 EL Obstsaft passend zum Obst

Gelatine für 800 g Creme

Zubereitung

Form einfetten. Mehle sieben, mit Backpulver mischen.

Eier trennen. Eigelb mit 3 EL Wasser schaumig rühren. 65 g Zucker und evtl. den Vanillezucker zugeben und weiterrühren.

Eiweiß zu Eischnee schlagen, nach und nach 30 g Zucker einrieseln lassen und weiterschlagen. Den Eischnee vorsichtig auf die Eigelbmasse schichten. Den Backofen vorheizen.

Vorsichtig die Mehlmischung auf der Eischneeschicht verteilen. Dann mit einem Kochlöffel die Mehlmischung vorsichtig, aber vollständig unterrühren, bis keine Mehlklümpchen mehr erkennbar sind. Dabei den Löffel ein paar Mal am Rand der Schüssel abstreifen, weil am Löffel viel Mehl hängen bleibt.

Den relativ flüssigen Teig gleichmäßig auf dem Boden der Springform verteilen. Auf unterster Schiene im vorgeheizten Backofen bei 170–180 °C, Umluft bei 150–160 °C für 15–20 Minuten backen, bis der Boden anfängt, braun zu werden. Den Boden auskühlen lassen. Inzwischen das Obst und die Creme vorbereiten.

Obst auslesen, waschen, abtropfen lassen, evtl. klein schneiden. Zubereitungsanleitung vom Hersteller für die Gelatine lesen. Bei manchen Gelatinesorten muss der Zucker nach der Gelatine zugegeben werden.

Bitte dies unbedingt beachten und Zubereitung entsprechend abwandeln.

Joghurt mit saurer Sahne cremig rühren, den Zucker, das Vanillearoma und den Saft unterrühren. Obst auf dem Boden verteilen.

Gelatine nach Angaben des Herstellers zubereiten und unter die Creme rühren. Die Creme sofort über dem Obst verteilen. Den Kuchen für mindestens 2 Stunden in den Kühlschrank stellen.

TIPPS UND HINWEISE

Schmeckt an heißen Sommertagen gekühlt besonders gut.

Dunkle Kirschschnitten

Schwierigkeitsgrad: für Profis
Kann laktosearm zubereitet werden, mit einer
Obstfüllung auch laktosefrei

Arbeitszeit: ca. 1 Stunde
Gesamtzeit: ca. 2 Stunden

Zutaten

Für die Cremefüllung

ca. 150 g Kirschen (frisch oder aus dem Glas)

35 g Schokolade

1 P Vanillezucker

500 g Quark (20 % oder 40 % Fett oder
Magerquark, evtl. laktosearm)

Für die Kirschfüllung

ca. 500 g Kirschen (frisch oder aus dem Glas)

300–350 ml Obstsaft (oder Wasser)

100 g Zucker

6 EL Speisestärke

35 g Schokolade

Für den Teig

Backpapier

30 g Kakao

75 g Mehl-Mix C von Schär

50 g Speisestärke

½ TL Backpulver

5 Eier

85 g Zucker

evtl. 1 P Vanillezucker

Zubereitung

Cremefüllung: Evtl. Kirschen abtropfen lassen und den Saft auffangen oder frische Kirschen entsteinen. Die Früchte achteln. Schokolade in kleine Stückchen schneiden.

Vanillezucker zum Quark geben, gut durchrühren, dann die Kirsch- und Schokoladenstücken unterrühren.

Kirschfüllung: Kirschen mit 200–250 ml Saft oder Wasser und dem Zucker zum Kochen bringen, dabei gelegentlich umrühren. Währenddessen die Speisestärke anrühren.

Speisestärke in etwa 100 ml kaltem Saft oder Wasser rühren, bis sie sich gut gelöst hat. Dann zu den kochenden Kirschen geben und unter Rühren kurz aufkochen lassen. In eine Schüssel füllen und abkühlen lassen.

Teig: Backpapier auf das Blech legen. Kakao, Mehl, Speisestärke und Backpulver mischen und sieben.

Eier trennen. 60 g Zucker und evtl. Vanillezucker zum Eigelb geben und gut durchrühren. Das Eiweiß zu Eischnee schlagen. Langsam 25 g Zucker einrieseln lassen und dabei weiterschlagen. Den Backofen vorheizen.

Den Eischnee vorsichtig über die Eigelbmasse schichten. Die gesiebte Mehlmischung langsam darübergeben. Das Ganze vorsichtig mit einem Kochlöffel unterrühren, bis keine Mehlklümpchen mehr erkennbar sind. Streifen Sie den Kochlöffel dabei mehrmals am Rand der Schüssel ab, weil sich daran sonst viel Mehl sammelt. Den ziemlich flüssigen Teig auf dem Backblech mithilfe eines Teigschabers verteilen. Im vorgeheizten Backofen bei ca. 170–180 °C, Umluft bei ca. 150–160 °C für 10–15 Minuten auf mittlerer Schiene backen, bis der Teig leicht braun ist. Den Kuchen sofort mit dem Backpapier vom heißen Blech ziehen, etwa 10 Minuten auskühlen lassen und dann gleich weiterverarbeiten oder in Alufolie verpacken.

Füllen: Eine Servierplatte und die Füllung bereitstellen. Den Kuchen in drei oder vier möglichst gleich breite Streifen schneiden (am besten ausmessen). Ein passendes Brettchen unter das Backpapier des ersten Streifens schieben. Den Streifen mithilfe des Brettchens so weit anheben, dass man mit einer Schere das Backpapier entlang der Schnittkante des Kuchens durchschneiden kann. Den Streifen auf dem Backpapier mit dem Brettchen vom Blech nehmen und auf der Arbeitsfläche ablegen. Dann das Backpapier an beiden Enden des Streifens anfassen und zügig mit der Kuchenseite nach unten auf die Platte legen. Das Backpapier abziehen. Etwa die Hälfte der Füllung auf dem Kuchenstreifen verteilen. Einen weiteren Ku-

chenstreifen auf die Füllung legen. Dabei genauso arbeiten wie oben beschrieben. Die zweite Hälfte der Füllung auf diesem Streifen verteilen und wieder einen Kuchenstreifen auflegen.

Den Kuchen sofort in Alufolie verpacken und bis etwa eine ½ Stunde vor dem Servieren in den Kühlschrank stellen.

TIPPS UND HINWEISE

Sie können die Schnitten auch mit der gewohnten Kirschfüllung zubereiten oder mit einer Füllung aus Aprikosenquark oder Aprikosenkompott (siehe Rezept „Rote Grütze" auf S. 133). Wenn Sie den fertigen Teig in vier Streifen geschnitten haben, halbieren Sie den übrig gebliebenen Streifen und füllen ihn mit Vanillepudding oder Marmelade.

Madeleines

Schwierigkeitsgrad: für Anfänger

Laktosefrei

Arbeitszeit: 15–20 Minuten
Gesamtzeit: 35–45 Minuten

Zutaten (für eine Madeleine-Form)

1 Ei

40 g Zucker

20 ml Öl

evtl. etwas Zitronenaromapulver

20 g Mehl-Mix C von Schär

20 g Mehl-Mix Plus von Hammermühle

Öl, Butter oder Margarine (evtl. ohne Milchanteil) zum Einfetten der Form

Zubereitung

Form fetten. Ei mit dem Zucker schaumig schlagen. Öl zugeben und gut verquirlen. Evtl. Zitronenaroma zugeben und gut unterrühren. Backofen vorheizen.

Mehle mischen, zur anderen Mischung geben und so lange rühren, bis keine Mehlklümpchen mehr erkennbar sind. Der Teig soll leicht flüssig sein.

Mit einem Löffel den Teig in die Vertiefungen der Madeleine-Form geben, sodass die Vertiefungen etwa zu ⅔ gefüllt sind. Auf unterster Schiene im vorgeheizten Backofen bei 190–200 °C, Umluft bei 170–180 °C für 10–15 Minuten backen, bis die Madeleines anfangen, braun zu werden. Noch 5 Minuten im ausgeschalteten Ofen stehen lassen.

Madeleines gleich aus der Form stürzen, auf einem Rost auskühlen lassen und möglichst bald in eine gut schließende Plastikdose legen.

TIPPS UND HINWEISE

Wenn Sie keine Madeleine-Form haben, backen Sie runde Madeleines in einer Muffin-Form. Sie können die Madeleines auch mit Schokoladenkuvertüre überziehen oder in den Teig Schokoladenstückchen geben.

Spritzgebäck

Schwierigkeitsgrad: für Anfänger

Laktosefrei

Für die Zubereitung brauchen Sie eine
Gebäckspritze

Arbeitszeit: 20–30 Minuten
Gesamtzeit: 45–60 Minuten

Zutaten (für ein Blech)

Backpapier

65 g kalte Butter oder Margarine
(evtl. ohne Milchanteil)

65 g Zucker

1 Ei

65 g gemahlene Haselnüsse

85 g Mehl-Mix C von Schär

85 g Mehl-Mix Plus von Hammermühle

¼ TL Johannisbrotkernmehl

½ TL gemahlene Flohsamen

½ TL Vanillearomapulver

Zubereitung

Backblech mit Backpapier auslegen. Butter oder Margarine mit Zucker so lange rühren, bis der Zucker nicht mehr erkennbar ist. Ei zugeben und möglichst gut verrühren. Dann die Haselnüsse unterrühren.

Mehle mit Johannisbrotkernmehl, Flohsamen und Vanillearoma mischen, zur anderen Mischung geben, erst mit einem Kochlöffel rühren, dann kneten, bis keine

Mehl- und Fettklümpchen mehr erkennbar sind. Den Backofen vorheizen.

Teig in eine Gebäckspritze füllen, lange oder kürzere Würste auf das Backpapier spritzen. Lange Würste lassen sich mit einem Messer schneiden und gleichmäßig auf dem Backpapier verteilen.

Auf unterster Schiene im vorgeheizten Backofen bei 170–180 °C, Umluft bei 150–160 °C, je nach Dicke für 10–20 Minuten leicht braun backen. Noch 5 Minuten im ausgeschalteten Ofen stehen lassen. Kurz auskühlen lassen und bald in eine gut schließende Plastikdose verpacken.

TIPPS UND HINWEISE

Sie können das Spritzgebäck auch mit Puderzuckerguss oder Schokoladenkuvertüre bestreichen. Wenn Sie für das Spritzen eine kleine Düse wählen, wird das Spritzgebäck krosser.

Kleine Windbeutel

Schwierigkeitsgrad: für Fortgeschrittene
Laktosefrei

Arbeitszeit: 30–40 Minuten
Gesamtzeit: 1–1¼ Stunden

Zutaten (für 10–12 Stück)

Muffin-Förmchen aus Papier

Öl zum Einpinseln

38 g Butter oder Margarine (evtl. ohne Milchanteil)

etwas Salz

75 g Mehl-Mix C von Schär

3 Eier

2 TL Backpulver

Zubereitung

Muffin-Förmchen mit Öl auspinseln und auf ein Backblech stellen. 125 ml Wasser, Butter oder Margarine und das Salz in einem Topf kochen. Topf von der Herdplatte nehmen, Mehl hinzugeben und mit einem Kochlöffel gut unterrühren. Den Topf wieder auf die warme Herdplatte stellen und mit einem Mixer so lange rühren, bis sich der Teig zu einem Kloß zusammenballt. Evtl. einen Deckel als Spritzschutz benutzen.

Topf von der Herdplatte nehmen. 1 Ei zugeben und mit dem Mixer unterrühren. Dann das zweite Ei, danach das dritte Ei. Backpulver zugeben und ebenfalls unterrühren. Backofen vorheizen.

Je 2 EL Teig in jedes Förmchen füllen. Auf unterster Schiene im vorgeheizten Backofen bei 210–220 °C, Umluft bei 190–200 °C für 10–15 Minuten backen, bis die Windbeutel goldbraun sind.

Die Windbeutel sofort vorsichtig aus den Förmchen nehmen, mit einem scharfen Messer oben einen Deckel abschneiden und alles auf einem Rost erkalten lassen.

TIPPS UND HINWEISE

Die Windbeutel können Sie mit Kompott, geschlagener Sahne oder einer Quarkcreme füllen. Für die Quarkcreme brauchen Sie 100–150 g Quark, ½–1 P Vanillezucker und ca. 50 g klein geschnittene Früchte.

Vanillekipferl

Schwierigkeitsgrad: für Fortgeschrittene
Laktosefrei

**Arbeitszeit: 30–40 Minuten
Gesamtzeit: 1½–2 Stunden**

Zutaten (für ein Blech)

1 Ei (nur das Eigelb)

65 g kalte Butter oder Margarine
(evtl. ohne Milchanteil)

40 g Zucker

½ P Vanillezucker

40 g gemahlene Haselnüsse

40 g Mehl-Mix C von Schär

45 g Mehl-Mix Plus von Hammermühle

etwas Backpulver

etwa ⅛ TL Johannisbrotkernmehl

Backpapier

30–35 g Puderzucker

½ P Vanillezucker

½ TL Vanillearomapulver

Zubereitung

Ei trennen. Butter oder Margarine mit Zucker und Vanillezucker so lange rühren, bis kein Zucker mehr erkennbar ist. Eigelb zugeben und möglichst gut verrühren, dann die Haselnüsse unterrühren.

Mehle mit Backpulver und Johannisbrotkernmehl mischen, zur anderen Mischung geben, erst rühren, dann rasch durchkneten, bis keine Fett- oder Mehlklümpchen mehr erkennbar sind. Der Teig darf nicht reißen und soll leicht klebrig sein. Wenn er zu trocken ist, evtl. etwas Wasser unterkneten. In einer gut verschlossenen Plastikdose für mindestens eine ½ Stunde in den Kühlschrank stellen.

Blech mit Backpapier auslegen. Den Backofen vorheizen. Mit bemehlten Händen kleine Hörnchen formen und auf das Blech legen. Auf unterster Schiene im vorgeheizten Backofen bei 170–180 °C, Umluft bei 150–160 °C je nach Größe der Kipferl für 10–20 Minuten backen, bis sie anfangen, braun zu werden. Noch 5 Minuten im ausgeschalteten Ofen stehen lassen. Während des Backens die Puderzuckermischung vorbereiten.

Puderzucker in einen Suppenteller sieben. Vanillezucker und Vanillearomapulver zugeben und mischen. Die Kipferl so warm wie möglich ganz vorsichtig im Puderzucker wälzen (Vorsicht, die Kipferl brechen leicht) und sofort in eine gut schließende Plastikdose legen.

TIPPS UND HINWEISE

Damit die frischen Kipferl weniger trocken sind, können Sie auch knapp ¼ TL gemahlene Flohsamen in den Teig geben. Wollen Sie die Kipferl erst in den nächsten Tagen essen, halten sie sich besser, wenn Sie keine Flohsamen verwenden.

Mürbeteigplätzchen

Schwierigkeitsgrad: für Anfänger
Kann laktosefrei zubereitet werden

Arbeitszeit: 45–60 Minuten
Gesamtzeit: 1¼–1½ Stunden

Zutaten (für 2–3 Bleche)

Für den Grundteig

115 g kalte Butter oder Margarine
(evtl. ohne Milchanteil)

170 g Zucker

1 Ei

165 g Mehl-Mix C von Schär

170 g Mehl-Mix Plus von Hammermühle

30 g geriebene Mandeln

evtl. etwas Milch (oder Wasser)

Backpapier

Für Orangenplätzchen

3 TL Orangenaromapulver

Für Schokoladenplätzchen

30–35 g Schokolade

Für Vanilleplätzchen

3 TL Vanillearomapulver

Für Weihnachtsplätzchen

3 TL Spekulatiusgewürz

Zubereitung

Evtl. Schokolade in kleine Stückchen schneiden. Butter oder Margarine mit Zucker so lange rühren, bis kein Zucker mehr erkennbar ist. Ei zugeben und möglichst gut verrühren.

Mehle mit den Mandeln mischen und evtl. mit den Schokoladenstückchen, dem Aroma oder den Gewürzen mischen. Diese Mischung zur anderen Mischung geben, erst rühren, dann kneten, bis keine Mehl- oder Fettklümpchen mehr erkennbar sind. Der Teig soll sich leicht klebrig anfühlen. In einer gut verschließbaren Plastikdose für mindestens eine ½ Stunde in den Kühlschrank stellen.

Backblech mit Backpapier auslegen. Eine Teigmatte mit Mehl bestäuben, Bezug über das Nudelholz ziehen. Den Teig kontrollieren. Bekommt er leicht Risse, etwas Milch oder Wasser unterkneten. Der Teig sollte nicht kleben. Den Teig auf der Matte ausrollen, mit kleinen Ausstechformen Plätzchen ausstechen, mit einem Messer von der Teigmatte lösen und auf das Backblech legen. Zwischendrin den Backofen vorheizen.

Auf unterster Schiene im vorgeheizten Backofen bei 190–200 °C, Umluft bei 170–180 °C für 10–15 Minuten leicht braun backen. Da die Plätzchen sehr schnell braun werden, muss man sie zum Ende der Backzeit ständig beobachten. Plätzchen auskühlen lassen und gleich in eine gut schließende Plastikdose verpacken.

Schokoladenhörnchen

Schwierigkeitsgrad: für Fortgeschrittene
Laktosefrei

Arbeitszeit: 30–40 Minuten
Gesamtzeit: 45–60 Minuten

Zutaten (für 1½ Bleche)

Backpapier

15 g Kakao

30 g kalte Butter oder Margarine
(evtl. ohne Milchanteil)

75 g Zucker

evtl. 1 P Vanillezucker

1 Ei

65 g Mehl-Mix C von Schär

65 g Mehl-Mix Plus von Hammermühle

2 TL Backpulver

25–30 g Hagelzucker

Zubereitung

Bleche mit Backpapier auslegen. Kakao sieben.

Butter oder Margarine mit Zucker und evtl. Vanillezucker so lange rühren, bis kein Zucker mehr erkennbar ist. Ei zugeben und möglichst gut verrühren.

Mehle mit Backpulver und Kakao mischen, zu der anderen Mischung geben. Erst rühren, dann kneten, bis keine Fett- oder Mehlklümpchen mehr erkennbar sind. Der Teig sollte nicht an den Händen kleben. Backofen vorheizen.

Zügig kleine Hörnchen formen und auf die Bleche legen. Die Hände sollte man dabei nur ganz wenig bemehlen, weil man sonst helle Mehlspuren auf den dunklen Hörnchen sieht. Vorsichtig Hagelzucker auf die Hörnchen streuen und leicht hineindrücken.

Auf unterster Schiene im vorgeheizten Backofen bei 175–185 °C, Umluft 155–165 °C für ca. 10 Minuten backen, bis die Hörnchen anfangen, braun zu werden. Im ausgeschalteten Ofen noch 5 Minuten stehen lassen. Sofort nach dem Erkalten in eine gut schließende Plastikdose legen.

TIPPS UND HINWEISE

Die Oberfläche der Hörnchen reißt beim Backen. Wenn Sie das stören sollte, verzichten Sie auf den Hagelzucker und bestreichen die Hörnchen nach dem Backen mit Zuckerguss (siehe Rezept vom Marmorkuchen auf S. 150).

Fruchtschnittchen

Schwierigkeitsgrad: für Profis
Laktosefrei

Arbeitszeit: 50–60 Minuten
Gesamtzeit: 1¼–1½ Stunden

Zutaten (für Springform, Ø 24 cm)

Für die sommerliche Füllung

400–500 g Marmelade nach Geschmack

Für die weihnachtliche Füllung

1 Zitrone

1 Apfelsine

160 g gemahlene Mandeln

150 g Zucker

Für den Teig

Backpapier

Öl, Butter oder Margarine (evtl. ohne
Milchanteil) zum Fetten der Form

60 g kalte Butter oder Margarine (evtl. ohne
Milchanteil)

30 g Zucker

evtl. 1 P Vanillezucker

2 Eier

120 g Mehl-Mix C von Schär

120 g Mehl-Mix Plus von Hammermühle

1½ TL Backpulver

Für den Guss

150 g Puderzucker

Zubereitung

Ein Stück Backpapier in der Größe der
Form zuschneiden und dann halbieren.
Form fetten und die Füllung vorbereiten.
Für die **Marmeladenfüllung** die Marmelade gut durchrühren. Für die **weihnachtliche Füllung** die Zitrone und die Apfelsine
auspressen. Mandeln mit dem Zucker mischen. Nach und nach 6–10 EL Saft unterrühren, bis es eine streichfähige Masse
gibt. Je nach Geschmack können die Säfte
vorher gemischt werden oder mehr von
dem einen oder mehr von dem anderen
genommen werden.
Butter oder Margarine mit Zucker und
evtl. Vanillezucker verrühren, bis kein Zucker mehr erkennbar ist. Eier dazugeben
und so gut wie möglich verrühren.
Mehle mit Backpulver mischen, zur anderen Mischung geben, erst rühren, dann
kneten, bis keine Mehl- oder Fettklümpchen mehr erkennbar sind. Der Teig darf
nicht reißen und soll nicht kleben. Den
Backofen vorheizen.
Den Teig auf dem Boden der Springform
und auf den Backpapierhälften gleichmäßig verteilen. Füllung auf dem Teig in der
Springform verteilen. Eine Backpapier-
hälfte mit Teig mit beiden Händen unter-
fassen und mit den Daumen oben fest-
halten. Dann zügig und beherzt mit dem
Papier nach oben auf die Füllung legen,
danach die zweite Hälfte. Die Nahtstelle

zwischen den Teighälften zudrücken und den Teig oben mehrfach mit einem Rouladenspieß oder einer Gabel einstechen.

Auf unterster Schiene im vorgeheizten Backofen bei 170–180 °C, Umluft bei 150–160 °C für 20–30 Minuten backen, bis der Teig anfängt, braun zu werden. Im ausgeschalteten Ofen noch 5 Minuten stehen lassen. Inzwischen den Puderzucker für den Guss sieben.

Den Puderzucker mit ca. 3 EL Saft (siehe oben) oder Wasser anrühren, sodass er gut streichfähig ist. Den noch warmen Kuchen damit bestreichen. Wenn der Guss hart ist, den Kuchen in schmale Streifen und die Streifen zu Rauten schneiden. In einer gut verschlossenen Plastikdose aufbewahren.

TIPPS UND HINWEISE

Wenn Sie große Mengen Fruchtschnittchen backen wollen, verdoppeln Sie die Zutatenmengen und backen alles auf einem Blech. Schneiden Sie dafür das Backpapier für die obere Teigschicht passend für das Blech zu und vierteln Sie es danach.

Gefüllte Plätzchen

Schwierigkeitsgrad: für Anfänger
Laktosefrei

Arbeitszeit: 30–40 Minuten
Gesamtzeit: 1¼–1½ Stunden
(müssen 1 Tag liegen)

Zutaten (für ein Blech)

Backpapier

100 g kalte Butter oder Margarine (evtl. ohne Milchanteil)

60 g Zucker

evtl. 1 P Vanillezucker

1 Ei

60 g geriebene Mandeln

etwas Salz

100 g Mehl-Mix C von Schär

100 g Mehl-Mix Plus von Hammermühle

150–200 g Marmelade für die Füllung

Zubereitung

Blech mit Backpapier auslegen. Butter oder Margarine mit Zucker und evtl. Vanillezucker so lange rühren, bis kein Zucker mehr erkennbar ist. Ei zugeben und möglichst gut verrühren. Dann die Mandeln und das Salz hinzufügen und ebenfalls gut rühren.

Mehle mischen und zur anderen Mischung geben. Alles erst rühren, dann kneten, bis keine Mehl- oder Fettklümpchen mehr erkennbar sind. Der Teig soll nicht reißen, darf aber auch nicht kleben. Für mindestens eine ½ Stunde in einem gut verschlossenen Gefäß in den Kühlschrank stellen.

Backofen vorheizen. Teigmatte mit Mehl bestäuben. Bezug über das Nudelholz ziehen. Den Teig auf der Matte dünn ausrollen und mit mittelgroßen Formen (etwa 3–4 cm lang) ausstechen. Mithilfe eines Messers den ausgestochenen Teig von der Matte lösen und auf das Blech legen.

Auf unterster Schiene im vorgeheizten Backofen bei 180–190 °C, Umluft bei 160–170 °C für 10–15 Minuten backen, bis die Plätzchen anfangen, braun zu werden. Evtl. noch 5 Minuten im ausgeschalteten Ofen stehen lassen.

Marmelade gut durchrühren. Dann die noch warmen Plätzchen mit Marmelade bestreichen und ein zweites Plätzchen gleicher Form daraufsetzen. Auf einem Rost auskühlen lassen. Gleich nach dem Erkalten in eine gut schließende Plastikdose legen. Die Plätzchen schmecken erst am nächsten Tag richtig gut.

TIPPS UND HINWEISE

Sie können die Plätzchen auch mit Schokoladenkuvertüre füllen oder mit Puderzuckerguss bestreichen.

Löffelbiskuit/Biskuitkekse

Schwierigkeitsgrad: für Anfänger
Laktosefrei

Arbeitszeit: 15–20 Minuten
Gesamtzeit: 30–40 Minuten

Zutaten (für ein Blech)

Für einfache Löffelbiskuits

25 g Mehl-Mix C von Schär

25 g Mehl-Mix Plus von Hammermühle

25 g Speisestärke

1 TL Backpulver

Muffin-Förmchen aus Papier

2 Eier

50 g Zucker

evtl. 1 P Vanillezucker

Für Vanillekekse: 2 TL Vanillearomapulver

Für Orangenkekse: 2/3 TL Orangenaromapulver

Für Adventskekse: ½ TL Spekulatiusgewürz

Zubereitung

Mehle mit Speisestärke und Backpulver mischen und sieben. Muffin-Förmchen auf einem Blech verteilen. Backofen vorheizen.

Eier trennen. Eigelb mit 35 g Zucker und evtl. Vanillezucker schaumig rühren. Eiweiß zu Eischnee schlagen, 15 g Zucker einrieseln lassen und dabei weiterschlagen. Die Eischneemasse vorsichtig über die Eigelbmasse schichten. Die Mehlmi-schung vorsichtig über die Eischneemasse schichten. Dann vorsichtig alles mit einem Kochlöffel verrühren, bis das Mehl komplett untergerührt ist. Dabei den Kochlöffel mehrere Male am Rand der Schüssel abstreifen, weil daran viel Mehl hängt. Der Teig soll ziemlich flüssig sein. Evtl. Vanille- und Orangenaroma oder Spekulatiusgewürz zugeben und gut verrühren.

Jeweils 1 TL Teig in ein Muffin-Förmchen füllen. Auf unterster Schiene im vorgeheizten Backofen bei 170–180 °C, Umluft bei 150–160 °C für 10–15 backen, bis die Biskuits anfangen, braun zu werden. Die Biskuits warm aus den Förmchen nehmen und, sobald sie ausgekühlt sind, in eine gut verschließbare Plastikdose legen.

Russischbrot

Schwierigkeitsgrad: für Anfänger

Laktosefrei

Für die Zubereitung wird eine Gebäckspritze benötigt

Arbeitszeit: 20–30 Minuten
Gesamtzeit: ca. 1½ Stunden

Zutaten (für ein Blech)

Backpapier

25 g Mehl-Mix C von Schär

13 g Speisestärke

etwas Backpulver

1 EL Kakao

etwas Zimt

etwas Salz

2 Eier (nur das Eiweiß)

55 g Zucker

Zubereitung

Blech mit einem Backpapier auslegen. Mehl mit Speisestärke, Backpulver, Kakao, Zimt und Salz mischen und sieben. Eier trennen. Das Eiweiß steif schlagen. Den Zucker langsam einrieseln lassen und dabei weiterschlagen. Die Mehlmischung zum Eischnee geben und vorsichtig mit einem Löffel durchrühren. Es dürfen keine Mehlklümpchen mehr erkennbar sein. Backofen vorheizen. Teig in eine Gebäckspritze oder einen Spritzbeutel füllen und mit einer runden Düse zügig Striche auf das Backpapier spritzen. Sofort auf unterster Schiene im vorgeheizten Backofen bei 130–140 °C, Umluft bei 110–120 °C für etwa 1 Stunde backen, bis das Russischbrot dunkler wird. Sofort auf einen Rost legen, kurz auskühlen lassen und dann gleich in eine gut verschließbare Plastikdose legen.

TIPPS UND HINWEISE

Auf die sonst für Russischbrot typische Glasur aus Zuckerwasser sollten Sie lieber verzichten, weil dann das Gebäck nur für kurze Zeit knusprig bleibt.

Pfefferkuchen

Schwierigkeitsgrad: für Anfänger

Laktosefrei

Arbeitszeit: 45–60 Minuten
Gesamtzeit: 2–2½ Stunden

Zutaten (für ein Blech)

Für den Teig

Backpapier

240 g Mehl-Mix C von Schär

260 g Mehl-Mix Plus von Hammermühle

½ TL Johannisbrotkernmehl

8 g geriebene Mandeln

2 Tropfen Bittermandelaroma

170 g gemahlene Haselnüsse

ca. 3 g Nelken

ca. 6 g Zimt

etwas Salz

1 Zitrone

330 g Honig

160 g Zucker

6 Eier

Für den Guss

150 g Puderzucker

2 Eier (nur das Eiweiß)

Zubereitung

Blech mit Backpapier auslegen. Mehle mit Johannisbrotkernmehl, Mandeln, Bittermandelaroma, Nüssen, Nelken, Zimt und Salz mischen. Zitrone auspressen. Honig mit dem Zucker vorsichtig in einem kleinen Topf bei ständigem Rühren erwärmen, bis die Masse ziemlich flüssig wird. Backofen vorheizen. Die Honig-Zucker-Mischung zur Mehlmischung geben und gut verrühren. Dann die Eier unterrühren, zuletzt den Zitronensaft. Den Teig auf das Backblech geben und mit einem Teigschaber glatt streichen.

Auf unterster Schiene im vorgeheizten Backofen bei 165–175 °C, Umluft 145–155 °C für 25–35 Minuten backen, bis der Teig anfängt, braun zu werden. Während dieser Zeit den Puderzucker sieben und die Eier trennen.

Den Pfefferkuchen noch warm mit Zuckerguss bestreichen. Hierfür den Puderzucker mit dem Eiweiß gut verrühren. Wenn der Guss sich dann noch nicht gut streichen lässt, teelöffelweise Wasser unterrühren, bis er flüssig genug ist.

Sobald der Guss fest geworden ist, den Pfefferkuchen schneiden und in einer gut schließbaren Plastikdose aufbewahren.

TIPPS UND HINWEISE

Sie können auch aus den Pfefferkuchen ein Haus bauen. Machen Sie sich vorher eine Skizze dafür. Nehmen Sie die doppelte Menge Johannisbrotkernmehl und die halbe Menge Backpulver, damit der Pfefferkuchen fester wird. Rühren Sie mehr Zuckerguss an und kleben die Haus-Teile damit zusammen. Fixieren Sie die Teile mit Zahnstochern, bis der Guss ausgehärtet ist.

Nürnberger Lebkuchen

Schwierigkeitsgrad: für Anfänger
Laktosefrei

Arbeitszeit: 45–60 Minuten
Gesamtzeit: 1–1¼ Stunden
(müssen 1–2 Tage vor dem Verzehr liegen)

Zutaten (für ein Blech)

Für den Teig

Backpapier

30 g Zitronat

2 Eier

130 g Zucker

4 g Lebkuchengewürz

etwas Salz

100 g geriebene Mandeln

1 Tropfen Bittermandelöl

80 g Mehl-Mix C von Schär

85 g Mehl-Mix Plus von Hammermühle

⅛ TL Johannisbrotkernmehl

evtl. glutenfreie Oblaten

Für den Guss

50 g Puderzucker

1 Stückchen Apfel

Zubereitung

Blech mit Backpapier auslegen. Zitronat-
stücke klein schneiden.

Eier mit Zucker schaumig rühren. Lebkuchengewürz, Salz und Zitronat unterrühren, danach die Mandeln und das Bittermandelöl.

Mehle mit Johannisbrotkernmehl mischen, zur anderen Mischung geben und
so lange rühren, bis keine Mehlklümpchen mehr erkennbar sind. Der Teig muss
so fest sein, dass man ihn gerade nicht
mehr mit einem Messer verstreichen
könnte. Backofen vorheizen.

Jeweils 2 TL Teig als Häufchen direkt auf
das Backpapier setzen oder auf Oblaten.
Auf unterster Schiene im vorgeheizten
Backofen bei 165–175 °C, Umluft bei 145–
155 °C für 15–20 Minuten backen, bis die
Lebkuchen anfangen, braun zu werden.
Noch 5 Minuten im ausgeschalteten Ofen
stehen lassen. Währenddessen den Puderzucker sieben.

Für den Guss rühren Sie teelöffelweise
Wasser unter den Puderzucker, bis der
Guss streichfähig ist. Die Lebkuchen noch
warm mit Guss bestreichen.

Wenn der Guss auf den Lebkuchen fest geworden ist, legen Sie die Lebkuchen in
eine gut schließende Plastikdose. Lebkuchen müssen zum Weichwerden mit einem kleinen Stückchen Apfel gelagert
werden. Legen Sie den Apfel in Küchenpapier zu den Lebkuchen in die Dose, aber
nicht direkt auf die Lebkuchen, damit der
Guss nicht beschädigt wird. Prüfen Sie
zwei- bis dreimal am Tag, ob die Lebkuchen weich genug geworden sind. Sobald
das der Fall ist, nehmen Sie das Apfelstück
aus der Dose.

Königsberger Marzipan

Schwierigkeitsgrad: für Profis

Laktosefrei

**Arbeitszeit: 50–60 Minuten
Gesamtzeit: 3–4 Stunden**

Zutaten (für einen Rost)

Für den Teig

Alufolie

etwa 100 g Puderzucker

100 g geschälte und gemahlene Mandeln

50–75 ml Rosenwasser (Apotheke)

Für die Füllung

25–50 g Puderzucker

1–3 TL Zitronensaft

evtl. ein paar kandierte Früchte zum Verzieren

Zubereitung

Falls Sie keine fertig geschälten Mandeln finden, müssen Sie die ganzen Mandeln in einem Topf mit Wasser erhitzen, das Wasser abgießen und die Mandeln kalt werden lassen. Dann enthäuten Sie die Mandeln und reiben sie.

Einen Rost mit Alufolie abdecken. Puderzucker sieben. Puderzucker und Mandeln mit 6–8 TL Rosenwasser zu einem Teig verkneten. Der Teig darf keine Risse bilden. Den Teig in einem gut verschlossenen Gefäß für 1–2 Stunden bei Raumtemperatur stehen lassen (nicht im Kühlschrank!).

Den Teig noch einmal durchkneten. Wenn er zu trocken ist, noch ½–1 TL Rosenwasser unterkneten. Eine Teigmatte mit Puderzucker bestäuben, Bezug über das Nudelholz ziehen und den Teig dünn ausrollen.

Jeweils die gleiche Anzahl Kreise und Ringe ausstechen. (Sie können auch ein normales Trink- und Schnapsglas dafür benutzen.) Ringe mit Rosenwasser auf die Kreise kleben.

Mit einer Gabel ein Rippenmuster oben in die Ringe drücken und die Stücke auf den Rost legen.

Den Grill 3–5 Minuten vorheizen. Den Rost direkt unter den Grill schieben und bei offener Backofentür die Marzipanstücke leicht anbräunen. Das dauert nur 1½–3 Minuten. Achtung! Marzipan verbrennt sehr schnell. Deshalb das Bräunen ständig beobachten.

Je nach Größe der Vertiefungen in den Marzipanstücken 25–50 g Puderzucker mit Zitronensaft zu einem dickflüssigen Zuckerguss verrühren. Diesen in die Vertiefungen füllen und evtl. mit kandierten Früchten verzieren. Die Marzipanstücke in einer gut verschlossenen Plastikdose lagern.

BRÖTCHEN UND BROTE

Die besten Tipps für die Küche

Der Geschmack von gekauftem glutenfreiem Brot ist sehr unterschiedlich. Probieren Sie verschiedene Sorten und Hersteller aus, bevor Sie sich für einige Sorten entscheiden. Selbst gebackenes Brot oder frische Brötchen aus dem eigenen Ofen sehen zwar nicht so schön aus wie Industrieware, schmecken aber meistens viel besser. Das gilt für herkömmliche wie glutenfreie Backwaren. Die Zeit dafür lässt sich schon finden: Bereiten Sie z. B. den Brotteig gleich vor, wenn Sie von der Arbeit nach Hause kommen. Das dauert etwa 15 Minuten. Während das Brot geht und backt, können Sie andere Dinge erledigen. Bevor Sie ins Bett gehen, schneiden Sie das Brot und frieren es portioniert ein. Man braucht also nicht wirklich viel Zeit dafür.

Viele Bäcker arbeiten mit besonderen Backmischungen, die noch ganz andere Bestandteile als Mehl, Hefe und Salz enthalten. Diese sorgen z. B. dafür, dass sich die Backwaren länger frisch halten, verstärken den Geschmack und sorgen für eine immer gleichbleibende schöne krosse und braune Kruste. Das sind die Ergebnisse lebensmitteltechnologischer Untersuchungen. Ähnliches gilt auch für industriell hergestelltes glutenfreies Brot. Wenn Sie Brot ohne Zusatz essen wollen, backen Sie deshalb am besten selbst.

Backen Sie das Brot aus einer von Ihnen nach Ihrem Geschmack zusammengestellten Mischung aus verschiedenen Mehlen. Die Mehle sollten ballaststoffreich sein und einen großen Anteil an Vollkornmehl enthalten. Ballaststoffe sind wichtig für eine geregelte Verdauung, und Vollkornmehle enthalten die wichtigen B-Vitamine. Die Rezepte, die wir für Sie zusammengestellt haben, sollen Ihnen helfen, Brot und Brötchen zu backen, die Ihnen schmecken, nicht zu fest und zu trocken sind und aus guten Zutaten bestehen.

Falls Ihnen das Brot zu wenig Geschmack hat, mischen Sie Kräuter oder glutenfreie Körner, z. B. Lein- oder Flohsamen, Sonnenblumenkerne oder Nüsse mit in den Teig.

Verwenden Sie als Flüssigkeit kohlensäurehaltiges Mineralwasser. Das macht den Teig locker. Geben Sie genug Triebmittel hinzu, ungefähr das Eineinhalbfache bis Doppelte der für herkömmliche Mehle angegebenen Menge, je nachdem, wie schwer der Teig ist. Wir bevorzugen eine Mischung aus glutenfreier Trockenhefe und Backpulver. Diese Triebmittel kann man lagern, also immer im Haus haben. Wenn Sie viel Hefe in den Teig geben, dann schmeckt er sehr danach. Das Backpulver macht den Teig insgesamt lockerer und die Arbeitszeiten kalkulierbarer. Wir lassen den fertig geformten Teig meistens 15 Minuten bei Raumtemperatur gehen (ohne Zugluft). Danach stellen wir ihn für 15 Minuten bei 60 °C in den Backofen, heizen dann hoch und backen. So kann man seine Arbeitszeit besser planen.

Sie müssen relativ viel Flüssigkeit in den Teig geben, sonst wird das Brot zu trocken. Wenn Ihnen das Brot oder die Brötchen trotzdem zu trocken sind, können Sie etwas gemahlene Flohsamen in den Teig geben. Dann braucht der Teig allerdings etwas mehr Flüssigkeit, hält aber nach dem Backen die Feuchtigkeit besser.

Wenn Sie Brot oder Brötchen nicht in einer Form backen wollen, dann müssen Sie zum Teig etwas hinzufügen, dass seine Klebeeigenschaften verbessert. Wir haben gute Erfahrungen mit Johannisbrotkernmehl gemacht. Man muss es allerdings vorsichtig dosieren, denn es hält den Teig nicht nur fester zusammen, sondern der Teig geht nicht mehr so gut und das Gebäck wird nicht so locker.

Glutenfreies Brot kommt nicht ohne Fett aus. Das Fett sorgt für den Zusammenhalt und hält das Brot länger saftig. Wir

empfehlen, ein hitzestabiles Öl zu verwenden. Sie können natürlich auch Margarine oder Butter nehmen, müssen dann aber etwas mehr Flüssigkeit in den Teig geben.

TIPPS UND HINWEISE

Bei Brötchen hilft oft ein Ei, die Konsistenz des Teigs zu verbessern.

Backen Sie das Brot und die Brötchen im Backofen möglichst weit unten. Dann backt das Brot gut durch, ohne zu dunkel zu werden. Sollten Sie einen Backofen mit einer Dampfgareinrichtung haben, dann können Sie Brot und Brötchen wunderbar backen, indem Sie drei Viertel der Zeit backen und ein Viertel der Zeit mit Dampf arbeiten lassen. Leider ist solch ein System teuer. Sie können sich auch damit behelfen, dass Sie ganz unten in Ihren Backofen eine Fettpfanne schieben und diese reichlich mit Wasser füllen. Dann haben Sie während des Backens eine konstante feuchte Atmosphäre im Ofen, die Ihr Brot nicht so leicht austrocknen lässt. Wenn Sie unten eine Fettpfanne mit Wasser hineinschieben, können Sie nicht, wie in den Rezepten angegeben, die Backwaren auf unterster Schiene backen. Nehmen Sie dann die nächste. Sie können auch eine große Auflaufform mit Wasser auf einem Rost über Ihr Brot schieben.

Manche Backwaren wie Baguette werden besonders schön, wenn man Sie auf einem Lochblech (Blech mit vielen kleinen Löchern) backt. Alternativ können Sie einfach einen Rost an den Stellen mit Alufolie abdecken, an denen Ihre Backwaren liegen. Aber achten Sie darauf, dass Ihnen im Umluftofen die Alufolie nicht zu sehr flattert. Knicken Sie sie deshalb großzügig um die Drähte des Rostes herum.

Schneiden Sie das fertige Brot komplett auf, sobald es genug ausgekühlt ist und sich gut schneiden lässt. Das ist ungefähr 2–3 Stunden, nachdem es aus dem Ofen kommt. Verpacken Sie die Scheiben sofort und frieren Sie sie portioniert nach Ihrem Bedarf ein. Die Brotscheiben trocknen schnell aus, deshalb legen Sie nur so viel in Ihren Brotkorb, wie Sie auch wirklich essen. Bedenken Sie, dass auch herkömmliches Brot und Brötchen vom Bäcker altern und nicht ewig frisch bleiben.

Dass glutenfreies Brot schnell schimmelt, stimmt nur bedingt. Auch herkömmliches Brot schimmelt zu bestimmten Jahreszeiten schnell, wenn es keine Konservierungsstoffe enthält. Trotzdem ist es gut, wenn Sie Ihr glutenfreies Brot gut verpackt im Kühlschrank aufbewahren. Sind Sie unterwegs und haben keinen Kühlschrank zur Verfügung, können Sie für die ersten zwei bis drei Tage ganz frisches selbst gebackenes Brot mitnehmen.

Getoastet schmeckt glutenfreies Brot fast immer besser. Benutzen Sie aber unbedingt einen anderen Toaster als für herkömmliches Brot. Glutenfreie Brötchen vom Vortag können Sie auf dem Toaster von beiden Seiten aufbacken.

Wenn Sie belegte Brötchen mitnehmen wollen, dann entfernen Sie ein wenig vom weichen Inneren aus der Mitte, sodass eine kleine Mulde für den Belag entsteht. Dann fallen die belegten Brötchen beim Transport nicht so leicht auseinander. Ein fertiges Sandwich wickeln Sie fest in eine Frischhaltefolie ein, bevor Sie es in eine Butterbrotdose legen. Dann fällt es nicht auseinander, bricht nicht, bleibt frisch und sieht appetitlich aus.

Backen Sie ruhig ein paar mehr Brötchen, als Sie selbst brauchen, wenn Sie Besuch haben oder zum Essen eingeladen sind. Denn es geht Ihnen vielleicht so wie uns: Die herkömmlichen Backwaren blieben liegen und die glutenfreien frischen Brötchen verschwanden ganz schnell.

Frühstücksbrötchen

Schwierigkeitsgrad: für Anfänger

Laktosefrei

Arbeitszeit: 25–30 Minuten
Gesamtzeit: ca. 1½ Stunden

Zutaten (für 4–6 Stück)

Für den Grundteig

Backpapier

200 g Mehl-Mix C von Schär

200 g Mehl-Mix Plus von Hammermühle

1 P Trockenhefe

1 P Backpulver

etwas Zucker, ½ TL Salz

½ TL Johannisbrotkernmehl

1 TL gemahlene Flohsamen

250–300 ml Mineralwasser

4 EL Öl

Für die Körnerbrötchen

2–3 EL Lein-, Floh- oder Hanfsamen, Sonnen-
blumen- oder Sojakerne

Für die Kräuterbrötchen

1 TL Petersilie (frisch oder getrocknet)

1 TL Schnittlauch (frisch oder getrocknet)

1 TL Thymian (frisch oder getrocknet)

Für die Käsebrötchen (laktosearm)

100 g geriebener Käse (evtl. laktosearm)

¼ TL Paprikapulver

Für die orientalischen Brötchen

¼ TL gemahlene Nelken

½–1 TL Ingwerpulver

etwas Zimt

Zubereitung

Backblech mit Backpapier auslegen. Evtl. frische Kräuter hacken. Die Mehle mit Trockenhefe, Backpulver, Zucker, Salz, Johannisbrotkernmehl und Flohsamen mischen.

Etwa die Hälfte des Mineralwassers mit einem Kochlöffel unterrühren, dann das Öl. Nach und nach so viel Mineralwasser erst unterrühren, dann gut unterkneten, bis keine Mehlklümpchen mehr erkennbar sind. Der Teig soll nicht reißen und nicht kleben. Evtl. Körner, Kräuter, ca. 50 g geriebenen Käse und Gewürze unterkneten.

Aus dem Teig Brötchen formen, auf das Backblech setzen, oben leicht einritzen und gehen lassen. Evtl. mit geriebenem Käse bestreuen.

Auf unterster Schiene im Backofen bei 190–200 °C, Umluft bei 170–180 °C für 20–25 Minuten backen, bis die Brötchen anfangen, braun zu werden. Während des Backens eine große Form mit Wasser in den Ofen stellen. Auf einem Rost erkalten lassen.

TIPPS UND HINWEISE

Für den Kindergeburtstag können Sie Figuren backen. Fetten Sie große Ausstechformen gut ein, legen Sie diese auf das Backblech und füllen sie zur Hälfte mit Teig. Nach dem Backen die Figuren mit einem spitzen Messer aus der Form lösen.

Helle Brötchen

Schwierigkeitsgrad: für Anfänger
Können laktosearm und laktosefrei zubereitet werden

Arbeitszeit: 25–30 Minuten
Gesamtzeit: ca. 1½ Stunden

Zutaten (für ca. 10 Stück)

Öl, Butter oder Margarine (evtl. ohne Milchanteil) zum Einfetten der Form

185 g Mehl-Mix C von Schär

65 g Mehl-Mix Plus von Hammermühle

1 TL Trockenhefe

1½–2 TL Backpulver

etwas Zucker

¼ TL Salz

1 Ei

150–200 ml Milch (evtl. laktosearm oder Mineralwasser und ½ TL Öl)

Zubereitung

Muffin- oder Halbkugelform einfetten. Mehle mit Trockenhefe, Backpulver, Zucker und Salz mischen.

Das Ei unterrühren. Etwa die Hälfte der Milch (oder Wasser) zugeben und mit einem Kochlöffel unterrühren. Nach und nach so viel Flüssigkeit unterrühren, bis keine Mehlklümpchen mehr erkennbar sind. Der Teig soll sehr klebrig sein.

Mithilfe von zwei Löffeln die Muffin- oder Halbkugelformen ungefähr zur Hälfte füllen und die Oberfläche möglichst glatt streichen. In der Form gehen lassen.

Auf unterster Schiene im Backofen bei 190–200 °C, im Umluftofen 170–180 °C für 15–20 Minuten backen, bis die Brötchen leicht braun an der Oberfläche werden. Während des Backens eine große Form mit Wasser in den Ofen stellen.

Brötchen sofort aus der Form stürzen und auf einem Rost erkalten lassen.

TIPPS UND HINWEISE

Für besondere Gelegenheiten können Sie die Brötchen auch in Herz- oder Sternformen backen und schön dekorieren.

Hörnchen

Schwierigkeitsgrad: für Anfänger
Können laktosearm oder laktosefrei zubereitet
werden

Arbeitszeit: 20–30 Minuten
Gesamtzeit: 1–1¼ Stunden

Zutaten (für 4–6 Stück)

Backpapier

70 g weiche Butter oder Margarine
(evtl. ohne Milchanteil)

¼ TL Salz

2 Eier

125 g Mehl-Mix C von Schär

125 g Mehl-Mix Plus von Hammermühle

¼ TL Johannisbrotkernmehl

½ TL Trockenhefe

2 TL Backpulver

50–100 ml Milch (evtl. laktosearm oder
Wasser)

Zubereitung

Backpapier auf das Blech legen. Butter
oder Margarine mit Salz verrühren. Eier
zugeben und möglichst gut durchrühren.
Mehle mit Johannisbrotkernmehl, Trockenhefe und Backpulver mischen, zur anderen Mischung geben und rühren. Nach
und nach Milch (oder Wasser) zugeben,
erst rühren, dann gut durchkneten, bis
keine Mehl- oder Fettklümpchen mehr erkennbar sind. Der Teig soll sich noch kleb-

rig anfühlen, aber nicht an den Händen
kleben bleiben.

Hörnchen formen und auf das Blech le-
gen. Oben mit einem scharfen Messer drei
Mal quer zum Hörnchen leicht einritzen.
Die Hörnchen gehen lassen.

Hörnchen evtl. mit Milch bestreichen. Auf
unterster Schiene im Backofen bei 190–
200 °C, Umluft bei 170–180 °C für 10–15
Minuten backen, bis die Hörnchen anfangen, braun zu werden. Während des Backens eine große Form mit Wasser in den
Ofen stellen.

Brötchen auf einem Rost auskühlen lassen.

TIPPS UND HINWEISE

Sie können auch Brötchen aus dem Teig
formen oder ein paar Rosinen oder Schokoladenstückchen in den Teig geben.

Partybrötchen

Schwierigkeitsgrad: für Anfänger
Können laktosearm oder laktosefrei zubereitet
werden

Arbeitszeit: 20–30 Minuten
Gesamtzeit: 1½–1¾ Stunden

Zutaten (für 10–12 Stück)

Öl, Butter oder Margarine (evtl. ohne
Milchanteil) zum Einfetten der Form
125 g Mehl-Mix C von Schär
125 g Mehl-Mix Plus von Hammermühle
¼ TL Johannisbrotkernmehl
½ TL gemahlene Flohsamen
½ TL Salz
etwas Zucker
1 TL Trockenhefe
2¼ TL Backpulver
1 Ei
ca. 150 ml Milch (evtl. laktosearm oder
Mineralwasser)

Zubereitung

Form(en) fetten, z. B. Muffin-, Halbkugel-,
Herz- oder Sternformen.

Mehle mit Johannisbrotkernmehl, Flohsamen, Salz, Zucker, Trockenhefe und Backpulver mischen.

Ei hinzufügen, dann nach und nach die
Milch (oder das Mineralwasser) zugeben,
erst mit einem Kochlöffel rühren, dann
durchkneten. Der Teig soll sich feucht und
klebrig anfühlen, aber nicht mehr an den
Händen kleben bleiben.

Formen etwa zur Hälfte mit Teig füllen, gehen lassen. Auf unterster Schiene im Backofen bei 170–180 °C, Umluft bei 150–
160 °C für 20–30 Minuten backen, bis die
Brötchen anfangen, braun zu werden.
Während des Backens eine große Form
mit Wasser in den Ofen stellen.

Nach dem Backen sofort aus den Formen
stürzen und auf einem Rost auskühlen lassen.

TIPPS UND HINWEISE

Sie können auch Minibrötchen in Pralinen-
oder Bärentatzenformen backen und als
Unterlage für Spießchen verwenden.
Minibrötchen erhalten Sie, wenn Sie mit der
Hand kleine Brötchen formen und Sie auf
einem Blech backen.

Laugengebäck

Schwierigkeitsgrad: für Fortgeschrittene
Kann laktosearm oder laktosefrei zubereitet
werden

**Arbeitszeit: 35–45 Minuten
Gesamtzeit: 1¾–2 Stunden**

Zutaten (für 4–6 Stück)

Backpapier

Butterbrotpapier

125 g Mehl-Mix C von Schär

125 g Mehl-Mix Plus von Hammermühle

1 TL Trockenhefe

1½–2 TL Backpulver

¼ TL Johannisbrotkernmehl

½ TL gemahlene Flohsamen

etwas Zucker

¾ TL Salz

1 Ei

125–150 ml Milch (evtl. laktosearm oder
Mineralwasser und ½ TL Öl)

100 g Haushaltsnatron (Soda)

10–20 g grobes Salz

Zubereitung

Backpapier auf das Blech legen und mit Mehl bestreuen. Ein etwa gleich großes Stück Butterbrotpapier auf die Arbeitsfläche legen und ebenfalls mit Mehl bestäuben. Mehle mit Trockenhefe, Backpulver, Johannisbrotkernmehl, Flohsamen, Zucker und Salz mischen.

Ei und etwa die Hälfte der Milch (oder Wasser) mit einem Kochlöffel unterrühren. Dann nach und nach so viel Flüssigkeit erst unterrühren, dann unterkneten, bis keine Mehlklümpchen mehr erkennbar sind. Der Teig soll nicht reißen und nicht an den Händen kleben.

Brötchen, Stangen oder Brezeln formen und auf das Butterbrotpapier setzen. Oberfläche des Gebäckes mit einem scharfen Messer leicht einritzen. Den geformten Teig gehen lassen. Während dieser Zeit grobes Salz bereitstellen. Backofen vorheizen.

Für die Lauge in einem möglichst großen Topf 2 l Wasser mit 100 g Haushaltsnatron aufkochen. Wenn der Teig genug gegangen ist, den geformten Teig so in die kochende Lauge geben, dass seine Oberfläche nach unten zeigt. Etwa 2 Minuten ziehen lassen, dann mit dem Schaumlöffel den schwimmenden Teigrohlingen an einer Seite einen Schubs geben, sodass sie sich umdrehen. Wieder etwa 2 Minuten ziehen lassen. Dann die Teigrohlinge mit dem Schaumlöffel aus der Lauge holen und auf das Backblech setzen. Sofort mit grobem Salz betreuen.

Auf unterster Schiene im Backofen bei 180–190 °C, Umluft 160–170 °C für 15–20 Minuten backen, bis das Laugengebäck braun ist. Gut aufpassen, das Gebäck wird sehr schnell braun und verbrennt. Während des Backens eine große Form mit Wasser in den Ofen stellen.

TIPPS UND HINWEISE

Servieren Sie Ihren Gästen Minilaugengebäck, das Sie aber nicht ganz so lange backen dürfen. Für Käselaugenstangen formen Sie eine längere Wurst aus dem Teig und schlingen diese zu einem U, dessen Enden sich berühren. Backen Sie diese Form genauso wie die Brötchen. Wenn der Teig braun ist, ziehen Sie das Blech vorsichtig aus dem Ofen, streuen geriebenen Gratinkäse darüber, schieben das Blech wieder in den Ofen und backen weiter, bis der Käse zerlaufen ist.

Brot ohne Form gebacken

Schwierigkeitsgrad: für Anfänger
Laktosefrei

**Arbeitszeit: 20–30 Minuten
Gesamtzeit: ca. 2 Stunden**

Zutaten (für ein Brot)

Backpapier
250 g Mehl-Mix Plus von Hammermühle
250 g anderes Mehl, z. B. Teff-, Buchweizen-,
Reis-, Vierkorn- oder Maisvollkornmehl
1 P Trockenhefe
1 P Backpulver
½ TL Johannisbrotkernmehl
1–1¼ TL Salz
etwas Zucker
300–400 ml Mineralwasser
50–60 ml Öl

Zubereitung

Backpapier auf das Backblech legen. Mehle mit Trockenhefe, Backpulver, Johannisbrotkernmehl, ½–¾ TL Salz und Zucker mischen.
Etwa die Hälfte des Mineralwassers zugeben und mit einem Kochlöffel unterrühren, dann das Öl. Nach und nach Mineralwasser zugeben, erst unterrühren, dann kneten. Der Teig soll sich leicht feucht und klebrig anfühlen, aber nicht an den Händen kleben bleiben.

Auf dem Blech einen hohen Laib formen. Er wird beim Backen flacher. Die Oberfläche mit einem scharfen Messer dreimal quer leicht einritzen. Dann den Teig gehen lassen. Während dieser Zeit Salzwasser aus einer ½ Tasse Wasser und einem ½ TL Salz herstellen, mehrfach umrühren. Laib vor dem Backen mit Salzwasser bepinseln. Auf unterster Schiene im Backofen bei 170–180 °C, Umluft bei 150–160 °C für ca. 45 Minuten backen. Während des Backens eine große Form mit Wasser in den Ofen stellen. Evtl. das Brot noch 10–15 Minuten im ausgeschalteten Ofen stehen lassen.
Brot auf einem Rost erkalten lassen. Frühestens nach 2–3 Stunden aufschneiden und evtl. portioniert einfrieren.

TIPPS UND HINWEISE

Diese Brotlaibe können Sie auch mit Sauerteig von Hammermühle als Sauerteigbrot backen (zusätzlich zu den anderen Zutaten geben Sie 70 g Sauerteig hinein).
Lecker ist auch ein Zwiebelbrot (mit 1–1½ angebratenen Zwiebeln), Schinkenbrot (mit etwa 75–100 g gekochtem Schinken in kleinen Stückchen) oder Käsebrot (mit ¼ TL Paprika im Teig und 75–100 g geriebenem Käse, die Hälfte davon im Teig, die andere auf dem Brot).

Brot in einer Form gebacken

Schwierigkeitsgrad: für Anfänger
Laktosefrei

Arbeitszeit: 20–25 Minuten
Gesamtzeit: ca. 2 Stunden

Zutaten (für Kastenform, 28,5 cm lang)

Öl, Butter oder Margarine (evtl. ohne
Milchanteil) zum Einfetten der Form

250 g Mehl-Mix Plus von Hammermühle

250 g anderes Mehl, z. B. Teff-, Buchweizen-,
Reis-, Vierkorn- oder Maisvollkornmehl

1 P Trockenhefe

1 P Backpulver

½–¾ TL Salz

etwas Zucker

400–500 ml Mineralwasser

50–60 ml Öl

TIPPS UND HINWEISE

Wenn das Brot oben einreißt, pinseln Sie es
nach dem Gehen mit Öl ein. Sie können auch
Kräuter, Leinsamen, geschälte Haselnüsse
oder Sonnenblumenkerne in den Teig geben.
Sie können das Brot natürlich auch als
Sauerteigbrot backen, wie auf S. 208 im Tipp
beschrieben. Wenn Sie viel Brot backen,
kaufen Sie sich eine zweite Form und backen
zwei Brote gleichzeitig. Das spart Zeit und
Energie.

Zubereitung

Form einfetten. Mehle mit Trockenhefe,
Backpulver, Salz und Zucker mischen.

Etwa die Hälfte des Mineralwassers zugeben und mit einem Kochlöffel unterrühren, dann das Öl. Nach und nach so viel
Mineralwasser zugeben und unterrühren,
dass sich der Teig als Kloß von der Wand
der Schüssel löst.

Teig in die Form füllen, mit dem Löffel
glatt streichen. Die Oberfläche mit einem
scharfen Messer einmal längs und dreimal
quer leicht einritzen. Gehen lassen.

Auf unterster Schiene im Backofen bei
170–180 °C, Umluft bei 150–160 °C für ca.
45 Minuten backen. Während des Backens
eine große Form mit Wasser in den Ofen
stellen. Evtl. das Brot noch 10–15 Minuten
im ausgeschalteten Ofen stehen lassen.

Gleich aus der Form stürzen und auf einem Rost abkühlen lassen. Frühestens
nach 2–3 Stunden aufschneiden und evtl.
portioniert einfrieren.

Kartoffelbrot

Schwierigkeitsgrad: für Anfänger
Laktosefrei

**Arbeitszeit: 20–25 Minuten
Gesamtzeit: ca. 2 Stunden**

Zutaten (für Kastenform, 28,5 cm lang)

Öl, Butter oder Margarine (evtl. ohne
Milchanteil) zum Einfetten der Form

250 g Mehl-Mix Plus von Hammermühle

100 g Kartoffelmehl

150 g Mais- oder Reisvollkornmehl

¾ TL Salz

etwas Zucker

1 P Trockenhefe

1 P Backpulver

400–500 ml Mineralwasser

45 ml Öl

Zubereitung

Form einfetten. Mehle mit Salz, Zucker,
Trockenhefe und Backpulver mischen.
Etwa die Hälfte des Mineralwassers zugeben und mit einem Kochlöffel unterrühren, dann das Öl. Nach und nach so viel
Mineralwasser zugeben und verrühren, bis
sich der Teig als Kloß von der Wand der
Schüssel löst und keine Mehlklümpchen
mehr erkennbar sind.
Den Teig in eine Kastenform füllen und
die Oberfläche mit dem Kochlöffel glatt
streichen. Mit einem scharfen Messer die
Oberfläche einmal längs und dreimal quer
leicht einritzen. Den Teig gehen lassen.
Auf unterster Schiene im Backofen bei
170–180 °C, Umluft bei 150–160 °C für
45 Minuten backen. Noch 15 Minuten im
ausgeschalteten Ofen stehen lassen. Während des Backens eine große Form mit
Wasser in den Ofen stellen.
Das Brot gleich aus der Form stürzen und
auf einem Rost erkalten lassen. Frühestens
nach 2–3 Stunden scheiden und evtl. portioniert einfrieren.

TIPPS UND HINWEISE

Wer würziges Brot mag, kann Kümmelkörner
mit in den Teig geben.

Baguette

Schwierigkeitsgrad: für Anfänger
Laktosefrei

Arbeitszeit: 15–20 Minuten
Gesamtzeit: 1¼–1½ Stunden

Zutaten (für ein Baguette)

Alufolie

Öl zum Einfetten der Alufolie

185 g Mehl-Mix C von Schär

65 g Mehl-Mix Plus von Hammermühle

¼ TL Johannisbrotkernmehl

½ TL gemahlene Flohsamen

½ TL Salz

etwas Zucker

½ TL Hefe

2¼ TL Backpulver

150–200 ml Mineralwasser

1 Ei

Zubereitung

Alufolie so falten, dass sie 6-lagig in einem Streifen etwa so breit wie das Baguette ist. Diesen quer zu den Stäben auf einen Rost legen und mit Öl bepinseln.

Mehle mit Johannisbrotkernmehl, Flohsamen, Salz, Zucker, Hefe und Backpulver mischen. Nach und nach etwa 150–200 ml Mineralwasser zugeben, erst unterrühren, dann gut durchkneten, bis keine Mehlklümpchen mehr erkennbar sind. Der Teig darf nicht reißen oder kleben.

Den Teig zu einem Baguette formen und auf die Alufolie legen, mehrere Male leicht mit einem scharfen Messer einritzen und gehen lassen.

Ei verquirlen. Baguette damit bestreichen. Auf unterster Schiene im Backofen bei 210–220 °C, Umluft bei 190–200 °C für 25–30 Minuten backen, bis das Baguette anfängt, braun zu werden. Kein Gefäß mit Wasser in den Ofen stellen.

Das Baguette auf einem Rost auskühlen lassen. Nach dem Erkalten gleich essen oder evtl. in Alufolie verpacken.

TIPPS UND HINWEISE

Backen Sie doch einmal Baguettebrötchen.

Fladenbrot

Schwierigkeitsgrad: für Anfänger
Kann laktosearm oder laktosefrei zubereitet
werden

Arbeitszeit: 10–15 Minuten
Gesamtzeit: 1½–1¾ Stunden

Zutaten (für ein Fladenbrot)

Backpapier

125 g Mehl-Mix C von Schär

125 g Mehl-Mix Plus von Hammermühle

½ TL Salz

etwas Zucker

¼ TL Johannisbrotkernmehl

1 TL Trockenhefe

2 TL Backpulver

180–230 ml Mineralwasser

1 TL Naturjoghurt (1,5 % oder

3,5 % Fett, evtl. laktosearm)

1 TL Öl

Sesam zum Bestreuen

Zubereitung

Backpapier auf das Backblech legen. Mehle mit Salz, Zucker, Johannisbrotkernmehl, Trockenhefe und Backpulver mischen.

Nach und nach Mineralwasser zugeben, erst rühren, dann gut durchkneten, bis keine Mehlklümpchen mehr erkennbar sind und der Teig nicht mehr klebt. Fladenbrot auf dem Blech formen. Gehen lassen.

Joghurt mit Öl mischen. Das Fladenbrot damit (oder nur mit Öl) bestreichen. Sesam daraufstreuen. Auf unterster Schiene im Backofen bei 165–175 °C, Umluft 145–155 °C für 20–30 Minuten backen, bis das Fladenbrot anfängt, braun zu werden. Während des Backens eine große Form mit Wasser in den Ofen stellen.

Das Fladenbrot auf einem Rost auskühlen lassen. Nach dem Erkalten essen oder gut in Alufolie verpacken.

TIPPS UND HINWEISE

Zum Mitnehmen eignen sich auch kleine Fladenbrötchen.

Hefezopf

Schwierigkeitsgrad: für Anfänger
Kann laktosearm oder laktosefrei hergestellt
werden

Arbeitszeit: 20–30 Minuten
Gesamtzeit: 1¾–2 Stunden

Zutaten (für einen Zopf)

Backpapier

250 g Mehl-Mix C von Schär

250 g Mehl-Mix Plus von Hammermühle

1 P Trockenhefe

1½ P Backpulver

½ TL Johannisbrotkernmehl

1 TL gemahlene Flohsamen

65 g Zucker

½ TL Salz

evtl. 1 P Vanillezucker

3 Eier

etwa 250 ml Milch (evtl. laktosearm oder
Wasser und 1 TL Öl)

Zubereitung

Backpapier auf das Backblech legen. Mehle mit Trockenhefe, Backpulver, Johannisbrotkernmehl, Flohsamen, Zucker, Salz und evtl. Vanillezucker mischen.
2 Eier und die Hälfte der Milch (oder Wasser) zugeben und mit einem Kochlöffel unterrühren. Dann nach und nach so viel Flüssigkeit zugeben, erst unterrühren, dann durchkneten, bis keine Mehlklümpchen mehr erkennbar sind. Der Teig soll nicht reißen, sich leicht klebrig und feucht anfühlen, aber nicht an den Händen kleben bleiben.

Den Teig in zwei Hälften teilen. Zwei dicke Stränge formen und auf dem Blech umeinander schlingen. Auf dem Blech gehen lassen.

Eier trennen und das Eigelb verquirlen. Den Teig damit bepinseln. Auf unterster Schiene im Backofen bei 180–190 °C, Umluft bei 160–170 °C für 25–35 Minuten backen, bis der Hefezopf anfängt, braun zu werden. Noch 5–10 Minuten im ausgeschalteten Ofen stehen lassen.

Während des Backens eine große Form mit Wasser in den Ofen stellen. Auf einem Rost auskühlen lassen. Danach gleich in Alufolie verpacken.

TIPPS UND HINWEISE

Backen Sie den Hefezopf mit Rosinen oder streuen Sie vor dem Backen gehackte Mandeln über den Zopf.

Weißbrot

Schwierigkeitsgrad: für Anfänger

Kann laktosearm und laktosefrei zubereitet werden

Arbeitszeit: 15–20 Minuten
Gesamtzeit: 1½–1¾ Stunden

Zutaten (für Kastenform, 28,5 cm lang)

Öl, Butter oder Margarine (evtl. ohne Milchanteil) zum Einfetten der Form

375 g Mehl-Mix C von Schär

125 g Mehl-Mix Plus von Hammermühle

1 P Trockenhefe

1 P Backpulver

½ TL Salz

etwas Zucker

450–550 ml Milch (evtl. laktosearm oder Mineralwasser)

60 ml Öl

Zubereitung

Form fetten. Mehle mit Trockenhefe, Backpulver, Salz und Zucker mischen. Etwa 300 ml Milch (oder Mineralwasser) mit einem Kochlöffel unterrühren, dann das Öl. Dann nach und nach so viel Flüssigkeit unterrühren, bis sich der Teig als Kloß von der Wand der Schüssel löst. Teig in die Form füllen. Die Oberfläche mit dem Kochlöffel glatt streichen. Einmal längs und dreimal quer mit einem scharfen Messer leicht einritzen. Den Teig gehen lassen.

Auf unterster Schiene im Backofen bei 170–180 °C, Umluft 150–160 °C für 45 Minuten backen. Im ausgeschalteten Ofen noch 5–10 Minuten stehen lassen. Während des Backens eine große Form mit Wasser in den Ofen stellen.

Das Brot möglichst bald aus der Form stürzen und mindestens 2–3 Stunden auskühlen lassen. Dann schneiden und evtl. portioniert einfrieren.

TIPPS UND HINWEISE

Als gesündere Variante können Sie das Weißbrot auch mit Reisvollkornmehl anstelle von Mehl-Mix C backen.

Dekoratives Partybrot

Schwierigkeitsgrad: für Anfänger
Kann laktosearm oder laktosefrei zubereitet
werden

Arbeitszeit: 20–30 Minuten
Gesamtzeit: 1¾–2 Stunden

Zutaten

Öl, Butter oder Margarine (evtl. ohne
Milchanteil) zum Einfetten der Form

250 g Mehl-Mix C von Schär

250 g Mehl-Mix Plus von Hammermühle

1 P Trockenhefe

1½ P Backpulver

etwas Zucker

¾ TL Salz

300–400 ml Milch (evtl. laktosearm oder
Mineralwasser und 1½ TL Öl)

60 ml Öl

TIPPS UND HINWEISE

Es gibt auch Backröhren für Partybrot in
Stern- oder Herzform. Füllen Sie diese zu gut
⅔ mit Teig und verschließen Sie sie mit den
dazugehörigen Deckeln. Den Rest des Teiges
können Sie z. B. in einer Madeleine- oder
Pralinenform backen.

Zubereitung

Form(en) einfetten, z. B. eine Herzform
oder eine Napfkuchen- und Kastenform.
Mehle mit Trockenhefe, Backpulver, Zucker und Salz mischen.

Die Hälfte der Milch (oder Wasser) zugeben und mit einem Kochlöffel unterrühren. Dann das Öl und nach und nach so
viel Flüssigkeit zugeben, erst unterrühren
und dann unterkneten, bis keine Mehlklümpchen mehr erkennbar sind. Der Teig
soll sich noch leicht klebrig und feucht
anfühlen, aber nicht an den Händen kleben bleiben.

Teig in eine Herzform oder je zur Hälfte in
eine Napfkuchen- und eine Kastenform
füllen. Teig gehen lassen. Auf unterster
Schiene im Backofen bei 190–200 °C, Umluft bei 170–180 °C für 30–35 Minuten backen, bis das Brot anfängt, braun zu werden. Noch 5 Minuten im ausgeschalteten
Ofen stehen lassen. Während des Backens
eine große Form mit Wasser in den Ofen
stellen.

Sofort aus der Form stürzen und auf einem
Rost auskühlen lassen, gleich danach in
Alufolie verpacken.

WENN GÄSTE KOMMEN

Die besten Tipps für die Küche

Sie sollten daran denken, dass die Gäste, die zum ersten Mal bei Ihnen zum Essen eingeladen sind, nicht so recht wissen, was sie erwartet. Die Gäste wissen, dass der Gastgeber/die Gastgeberin eine Diät einhalten muss, und fragen sich, ob so ein Essen schmecken kann. Sie müssen Ihren Gästen helfen, diese Unsicherheit zu überwinden. Das ist ganz einfach: Nicht nur das Auge, auch der Geruch isst mit. Riecht es verführerisch, wenn die Gäste die Wohnung betreten, wird der Appetit ganz schnell die Unsicherheit verdrängen. Legen Sie auch besonderen Wert auf das Ambiente.

> **TIPPS UND HINWEISE**
>
> Kein Gast wird annehmen, dass bei schöner Dekoration und Liebe zum Detail das servierte Essen fade sein wird. Die erste vorsichtig getestete Gabelspitze beseitigt dann die letzte Unsicherheit.

Überlegen Sie sich rechtzeitig in Ruhe, was Sie kochen wollen, und planen Sie Ihre Zeit. Überlegen Sie, wann Sie fertig sein wollen. Dabei ist es gut, wenn Sie mehr Zeit einplanen als Sie müssen, falls etwas nicht auf Anhieb gelingt. Das Dessert kann man in den meisten Fällen schon vorher vorbereiten und kühl stellen.

Kochen und backen Sie für besondere Gelegenheiten so wie früher. Wandeln Sie einfach die Rezepte ab, indem Sie glutenfreie Zutaten verwenden und die Mehle bzw. Bindemittel durch glutenfreie ersetzen. Die meisten Rezepte lassen sich anpassen. Zur Sicherheit können Sie eine kleine Menge zum Test vorher zubereiten und kosten. Also: Laden Sie Gäste ein, kochen, backen und genießen Sie das Essen in großer Runde.

> **TIPPS UND HINWEISE**
>
> Wenn Sie etwas Neues probieren wollen, schauen Sie auch in den normalen Kochbüchern nach, die Sie haben, und verwenden glutenfreie Zutaten.

Partyspießchen

Schwierigkeitsgrad: für Anfänger
Können laktosearm und laktosefrei zubereitet
werden

**Arbeitszeit: 40–60 Minuten
(die Zeiten für das Backen und Garen von
Zutaten müssen dazu gerechnet werden)**

Zutaten (Mengen sind variabel)

kleine geformte Brotstückchen (siehe Rezept
für Partybrötchen S. 204)

Käse am Stück wie Gouda, Emmentaler,
Butterkäse (evtl. laktosearm)

Würstchen oder Cocktailwürstchen

kleine Stückchen gares Geflügelfleisch

kleine Hackfleischbällchen (siehe Rezept für
Hackbällchen S. 80)

gekochter Schinken

Weintrauben

Ananas (frisch oder aus der Dose)

Mandarinen (frisch oder aus der Dose)

frische Paprikaschoten

frische Cocktailtomaten

garer Brokkoli

garer Spargel

einige Salatblätter

Zahnstocher oder Schaschlikspieße

Zubereitung

Es passen gut zusammen: Käse und Geflügelfleisch mit Obst, Würstchen und Hackfleischbällchen mit Gemüse sowie Schinken mit Spargel. Aber Ihr Geschmack und Ihre Fantasie entscheiden. Kleine Spieße können Sie senkrecht auf eine Platte stellen, wenn sich unten etwas Flaches, Schweres befindet (z. B. ein Käsewürfel oder ein Brotstückchen). Schaschlikspieße legen Sie lieber auf eine Platte.

Backen Sie die Brotstückchen. Kochen, dämpfen oder braten Sie die Zutaten, die gar sein müssen.

Waschen Sie frisches Obst und Gemüse, lassen Sie es genauso wie das Dosenobst und den Dosenspargel gut abtropfen. Sie können alles auch zusätzlich noch mit Küchenpapier trocken tupfen, bevor Sie es auf die Spieße stecken.

Schneiden Sie die Zutaten so, dass die Größe der Zutaten, die auf einen Spieß kommen, gut zueinanderpasst.

Wenn Sie als Unterlage ein Brotstückchen verwenden, sollte zwischen diesem und der nächsten Zutat ein gewaschenes und gut getrocknetes Stück Salat aufgespießt werden. Dann weicht das Brot nicht durch.

Stellen Sie sich eine Platte oder einen Teller bereit und beginnen Sie mit dem Anfertigen der Spieße. Fertige Platten sollten Sie gut mit Alufolie abdecken und möglichst kühl stellen (Kühlschrank oder kühler Keller). Bereiten Sie die Spießchen jedoch möglichst frisch zu.

TIPPS UND HINWEISE

Wenn Sie die Spieße aus Zeitgründen nicht ganz frisch zubereiten können, wählen Sie Zutaten wie Würstchen, Hackfleischbällchen, Paprika, Cocktailtomaten, Käse und Weintrauben. Sie bleiben länger frisch als die anderen.

Gefüllte Quarkpastete

Schwierigkeitsgrad: für Profis
Kann laktosearm zubereitet werden

Arbeitszeit: 30–40 Minuten
Gesamtzeit: 2½–2¾ Stunden

Zutaten (für 2 Plastikdosen, 7 x 14 cm)

Für die Füllung

evtl. 4–6 TL Quitten- oder Apfelgelee

3–5 g gehackte Pistazien

evtl. 2 Scheiben geräucherter Lachs

evtl. 1 kleine Möhre und ¼ Apfel

Für die Pastetenmasse

Frischhaltefolie

3–4 Scheiben geschnittener Gouda
(evtl. laktosearm)

75 g Butter oder Halbfettbutter (evtl.
laktosearm)

250 g Quark (20 % oder 40 % Fett oder
Magerquark, evtl. laktosearm)

200 g Frischkäse (evtl. laktosearm)

etwas Salz

Gelatine für 500 g Masse

Zubereitung

Füllung vorbereiten: Evtl. Lachs in sehr kleine Stückchen schneiden oder Möhre und Apfel schälen und mit einer groben Reibe reiben.

Die Plastikdosen so mit Frischhaltefolie auslegen, dass diese oben übereinanderge- schlagen werden kann, wenn die Dose ge- füllt ist. Dann die Käsescheiben so in die Dosen legen, dass die längere Seite der Scheiben die gleiche Richtung hat, in der die Pastete später aufgeschnitten wird.

Butter, Quark, Frischkäse, Salz und Pista- zien gut verrühren. Danach die Gelatine nach Angaben des Herstellers zubereiten, unterrühren und zügig weiterarbeiten.

Die Hälfte der Creme in die Dosen füllen und glatt streichen. Darauf die Füllung ge- ben, allerdings sollte entlang der Längssei- ten der Form ein kleiner Rand ausgespart bleiben. Sonst fällt die Pastete beim Schneiden später auseinander.

Über die Füllung die restliche Creme schichten, dabei darauf achten, dass die Creme den ausgesparten Platz an den Rän- dern der Füllung ausfüllt. Creme an der Oberfläche glatt streichen. Die Frisch- haltefolie oben übereinanderschlagen. Die Formen für mindestens 2 Stunden in den Kühlschrank stellen.

Vor dem Servieren die Frischhaltefolie öff- nen und den über die Pastete ragenden Käse vorsichtig mit einem scharfen Messer abschneiden. Frischhaltefolie soweit es geht nach außen umklappen, eine Servier- platte oder ein Brett mit der schönen Seite auf die Öffnung der Dose legen und das Ganze umdrehen. Die Dose und die Frisch- haltefolie vorsichtig entfernen.

Herzhafte Mürbeplätzchen

Schwierigkeitsgrad: für Anfänger
Die Käseplätzchen können laktosearm,
die anderen Plätzchen auch laktosefrei
zubereitet werden

Arbeitszeit: ca. 1 Stunde
Gesamtzeit: ca. 2 Stunden

Zutaten (für 1½ Bleche)

**Für die verschiedenen Geschmacks-
richtungen**

evtl. 100 g geriebener Käse
(evtl. laktosearm)

¼ TL Paprikapulver

evtl. 1 EL Kräuter (frisch oder getrocknet,
z. B. Kräuter der Provence)

evtl. 100 g gekochter oder geräucherter
Schinken

evtl. 100 g geräucherter Lachs

Für den Grundteig

80 g kalte Butter oder Margarine (evtl. ohne
Milchanteil)

⅛ TL Salz

1 Ei

60 g Mehl-Mix C von Schär

60 g Mehl-Mix Plus von Hammermühle

etwas Backpulver

Backpapier

Zubereitung

Füllung vorbereiten: Evtl. Käse reiben, frische Kräuter hacken, Schinken oder Lachs in kleine Stückchen schneiden.

Butter oder Margarine mit dem Salz und dem Ei gut verrühren. Mehle mit Backpulver, je nach Geschmacksrichtung auch mit Paprikapulver oder Kräutern mischen und zur anderen Mischung geben. Erst gut rühren, dann kneten, bis keine Mehl- oder Fettklümpchen mehr da sind.

Den geriebenen Käse, die Schinken- oder Lachsstückchen zugeben und unterkneten. Der Teig für die Kräuterplätzchen fühlt sich leicht feucht an, der für die anderen Plätzchen ist klebrig. Für mindestens eine ½ Stunde in einer gut verschlossenen Plastikdose kühl stellen.

Das Backpapier auf die Bleche legen. Eine Teigmatte mit Mehl bestäuben. Den Bezug über das Nudelholz ziehen. Backofen vorheizen. Den Teig auf der Matte etwa 2–3 mm dick ausrollen und mit kleinen Formen ausstechen. Den ausgestochenen Teig mit einem Messer von der Matte lösen und auf ein Backblech legen.

Im vorgeheizten Backofen bei 200–210 °C, Umluft bei 180–190 °C für 10–20 Minuten backen, bis die Plätzchen braun werden. Noch 5 Minuten im ausgeschalteten Ofen stehen und auf einem Rost auskühlen lassen. Möglichst bald in eine gut schließende Plastikdose verpacken.

Herzhafte Schnecken

Schwierigkeitsgrad: für Profis
Können laktosearm und laktosefrei
zubereitet werden

Arbeitszeit: 20–30 Minuten
Gesamtzeit: ca. 1½ Stunden

Zutaten (für 7–10 Stück)

Für den Teig

125 g Mehl-Mix C von Schär

125 g Mehl-Mix Plus von Hammermühle

¼ TL Johannisbrotkernmehl

1 TL Trockenhefe

2 TL Backpulver

etwas Zucker, ¼ TL Salz

150–175 ml Milch (evtl. laktosearm oder
Wasser und ½ TL Öl)

20 ml Öl

Backpapier

Für die Füllungen

evtl. 60–100 g Frischkäse (normal oder
fettreduziert, evtl. laktosearm)

evtl. 100–150 g Hüttenkäse

evtl. 50–100 g weiche Butter oder Margarine
(evtl. ohne Milchanteil)

evtl. 200–300 g Schinken

evtl. 200–300 g geräucherter Lachs

evtl. 200–300 g Gemüse, z. B. Mais, Erbsen,
Schlangengurken, Paprika, Tomaten

50–100 g geriebener Gouda (evtl. laktosearm) oder anderer laktosearmer Hartkäse

1 Ei (bei laktosefreier Zubereitung)

Zubereitung

Mehle mit Johannisbrotkernmehl, Hefe, Backpulver, Zucker und Salz mischen. Nach und nach Milch (oder Wasser), zwischendrin das Öl und dann wieder Milch (Wasser) zugeben, rühren und kneten, bis der Teig keine Risse mehr bildet, aber auch nicht an den Händen klebt. Sonst etwas Flüssigkeit oder Mehl unterkneten. Den Teig zugedeckt in einer Schüssel an einem warmen Ort gehen lassen (oder im Backofen bei 40–50 °C).

Füllung vorbereiten: Frischkäse, Hüttenkäse, Butter oder Margarine aus dem Kühlschrank nehmen. Frisches Gemüse waschen. Schinken, Lachs, Gurken, Paprika und Tomaten in kleine Stückchen schneiden. Evtl. den Käse reiben.

Das Backpapier auf der Arbeitsfläche mit Mehl (von Hammermühle) bestreuen und mit der Hand gleichmäßig verteilen. Den Bezug über das Nudelholz ziehen. Den Teig kontrollieren, durchkneten und vorsichtig möglichst rechteckig etwa 2–3½ mm dick ausrollen.

Den Teig vorsichtig mit Frischkäse, Hüttenkäse, Butter oder Margarine einstreichen. Darauf Schinken-, Lachs- und/oder Gemüsestückchen verteilen. Mit geriebenem Käse bestreuen oder bei laktosefreier Zubereitung mit einem verquirlten Ei bestreichen.

Vorsichtig, aber zügig den Teig mithilfe des Backpapiers eng aufrollen. Dabei das Papier abziehen, sobald es einen Teil des Teiges bis oben hin aufgerollt hat. Wenn dabei kleine Risse entstehen, können diese einfach zugedrückt werden. Dann mit einem scharfen Messer vorsichtig etwa daumendicke Scheiben abschneiden. Jede Scheibe sofort mithilfe von zwei Pfannenwendern flach auf das Backblech legen. Wenn am Messer und den Pfannenwendern Teig oder Füllung klebt, diese vor dem Weiterarbeiten abwischen.

Die Schnecken auf dem Backblech gehen lassen, evtl. 15–20 Minuten im Backofen bei 60 °C.

Auf unterster Schiene im Backofen bei 170–180 °C, Umluft bei 150–160 °C für 15–20 Minuten backen, bis der Teig oder die Füllungen anfangen, braun zu werden. Noch 5–10 Minuten im ausgeschalteten Ofen stehen lassen. Nach dem Abkühlen sofort in eine gut schließende Plastikdose legen.

TIPPS UND HINWEISE

Die Schnecken halten sich in einer gut verschlossenen Plastikdose, sodass sie gut transportiert werden können. Auch auf einem Büfett trocknen sie nicht gleich aus und bleiben schmackhaft.

Herzhafte Teigtaschen

Schwierigkeitsgrad: für Profis
Können laktosearm zubereitet werden

Arbeitszeit: 40–50 Minuten
Gesamtzeit: 1–1½ Stunden

Zutaten (für 6–8 Stück, je nach Größe)

Für die Füllung

evtl. 3–4 Würstchen

evtl. 2–3 Scheiben Gouda

evtl. 50–70 g Gemüse, z. B. Mais, Paprikaschoten, Cocktailtomaten

Für den Teig

Backpapier

150 g Quark (20 % oder 40 % Fett oder
Magerquark, evtl. laktosearm)

6 EL Öl

6 EL Milch (evtl. laktosearm)

½ TL Salz

150 g Mehl-Mix B von Schär

150 g Mehl-Mix Plus von Hammermühle

1½ P Backpulver

Zubereitung

Füllung vorbereiten: Würstchen in kurze Stücke, Gouda in kleine Quadrate und Gemüse in kleine Stückchen schneiden.

Backblech mit Backpapier auslegen. Quark mit Milch, Öl und Salz cremig rühren. Mehle mit Backpulver mischen, zur Quarkmischung geben, rühren, dann gut durchkneten. Der Teig darf keine Risse bil-

den, sollte aber nicht kleben. Sonst etwas Milch oder Mehl unterkneten. Backofen vorheizen.

Teigmatte gut mit Mehl bestäuben. Bezug über das Nudelholz ziehen. Den Teig auf der Matte ausrollen und in Quadrate schneiden. Eine Hälfte des Quadrats mit Füllung belegen, aber den Rand frei lassen. Mit einem Messer die andere Hälfte des Quadrats von der Teigmatte lösen, hochklappen, über die Füllung schlagen und an den Rändern zudrücken. Die Taschen von der Teigmatte lösen und auf das Backblech legen. Sollten sich beim Falten doch Risse gebildet haben, diese einfach zudrücken.

Auf unterster Schiene im vorgeheizten Backofen bei 170–180 °C, Umluft bei 150–160 °C je nach Größe für 15–25 Minuten backen, bis der Teig anfängt, braun zu werden. Teigtaschen auf einem Rost auskühlen lassen und dann in eine gut schließende Plastikdose legen.

TIPPS UND HINWEISE

Die Teigtaschen lassen sich gut zu einem Picknick oder Ausflug mitnehmen.

Zwiebelkuchen

Schwierigkeitsgrad: für Anfänger

Kann laktosearm und laktosefrei zubereitet werden

Arbeitszeit: 50–60 Minuten
Gesamtzeit: 1½–1¾ Stunden

Zutaten (für ein Blech)

Zutaten für den Teig

100 g Mehl-Mix C von Schär

100 g Mehl-Mix Plus von Hammermühle

1 TL Trockenhefe

1½ TL Backpulver

etwas Zucker

⅓ TL Salz

100–140 ml Mineralwasser

2 EL Öl

Backpapier

Für den Belag

750 g Gemüsezwiebeln oder normale Zwiebeln

300 g geräucherter Schinken

3 Eier (bei laktosefreier Zubereitung 5 Eier)

etwas Salz

¼ l Sahne (evtl. laktosearm)

1 TL Speisestärke

evtl. 1–2 TL Kümmelkörner

Zubereitung

Mehle mit Hefe, Backpulver, Zucker und Salz mischen. Etwa die Hälfte des Mineralwassers unterrühren, dann das Öl. Nach und nach so viel Mineralwasser erst unterrühren, dann kneten, bis sich keine Risse mehr im Teig bilden, der Teig aber auch nicht klebt. Sonst etwas Wasser oder Mehl unterkneten.

Backpapier auf das Backblech legen. Den Teig darauf gleichmäßig verteilen und gehen lassen. Wenn der Teig schlecht geht, bei 60 °C in den Backofen stellen. Währenddessen den Belag vorbereiten.

Zwiebeln häuten und in Ringe schneiden. Schinken schneiden. Eier, Salz und Sahne gut verrühren, danach die Speisestärke gut unterrühren. Bei laktosefreier Zubereitung 5 Eier mit Salz und Speisestärke verquirlen.

Den Backofen vorheizen. Zwiebelringe auf dem Teig verteilen, darüber die Schinkenstückchen streuen, die Soße darübergießen. Evtl. die Kümmelkörner gleichmäßig darüberverteilen.

Auf unterster Schiene im Backofen bei 190–200 °C, Umluft bei 170–180 °C für 25–30 Minuten backen, bis der Teig oder der Belag anfangen, braun zu werden. Noch 5 Minuten im ausgeschalteten Ofen stehen lassen. Dann heiß servieren.

Herzhafte Waffeln

Schwierigkeitsgrad: für Anfänger
Laktosefrei
Für die Zubereitung brauchen Sie ein
Waffeleisen

**Arbeitszeit: 50–90 Minuten
(je nach Geschmacksrichtung)**

Zutaten (für 8–10 Waffeln)

**Für die verschiedenen Geschmacks-
richtungen**

evtl. 150–200 g tiefgefrorener Spinat

evtl. 150–200 g Brokkoli (frisch oder
aufgetaut)

evtl. 150–200 g gekochter oder geräucherter
Schinken

evtl. 150–200 g geräucherter Lachs

evtl. 2 TL Kräuter (frisch oder getrocknet,
z. B. Petersilie, Basilikum, Thymian)

Für den Teig

5 Eier

½ TL Salz

¼ TL Pfeffer

¼ TL granulierter Knoblauch

75 g Mehl-Mix C von Schär

75 g Mehl-Mix Plus von Hammermühle

½ TL Backpulver

Öl, Butter oder Margarine (evtl. ohne
Milchanteil) zum Einpinseln des Waffeleisens

Zubereitung

Die Zutaten für die gewünschte Geschmacksrichtung vorbereiten: Evtl. Spinat in einem kleinen Topf auftauen. Brokkoli waschen, in kleine Röschen teilen und mit wenig Wasser in einer Pfanne mit gut schließendem Deckel garen. Dabei ab und zu umrühren und sicherstellen, dass genug Wasser in der Pfanne ist. Schinken oder Lachs schneiden.

Eier trennen. Eigelb mit 5 EL warmem Wasser und den Gewürzen schaumig rühren. Das Waffeleisen aufheizen.

Mehle mit Backpulver mischen, zur Eiermischung geben und mit einem Schneebesen so lange rühren, bis keine Mehlklümpchen mehr erkennbar sind. Danach das Gemüse, die Kräuter, Lachs- oder Schinkenstückchen unterrühren.

Das Waffeleisen mit Fett einpinseln und je 2–4 EL Teig einfüllen und backen, bis die Waffeln leicht braun sind. Waffeln nebeneinanderliegend auf einem Rost auskühlen lassen und erst kurz vor dem Servieren auf einen Teller stapeln.

TIPPS UND HINWEISE

Zu den Waffeln können Sie Quark-Dips (siehe Rezept S. 116) servieren.

Herzhaft gefüllte Crêpes

Schwierigkeitsgrad: für Fortgeschrittene
Kann auch laktosearm und laktosefrei
zubereitet werden
Für die Zubereitung brauchen Sie ein
Crêpeeisen

Arbeitszeit: 55–70 Minuten

Zutaten

Für die Crêpes

2 EL Öl

4 Eier

125 g Mehl-Mix C von Schär

125 g Mehl-Mix Plus von Hammermühle

etwa 250 ml Milch (evtl. laktosearm oder

Wasser und ½ TL Öl)

Für die Lachs-Quark-Füllung

100 g Magerquark (evtl. laktosearm)

etwas Mineralwasser mit viel Kohlensäure

2 EL Kräuter (frisch oder getrocknet,

z. B. Petersilie, Schnittlauch)

etwas Salz

200 g Räucherlachs

Für die Hackfleischfüllung

½ Zwiebel

Öl, Butter oder Margarine (evtl. ohne

Milchanteil) zum Anbraten

250 g Hackfleisch

1 TL Thymian (frisch oder getrocknet)

Zubereitung

Öl mit aufgeschlagenen Eiern vermischen. Mehle einwiegen, Milch (oder Wasser) abmessen und beides abwechselnd in kleineren Portionen zugeben und verrühren. Ansonsten bilden sich leicht Klümpchen. Der Teig sollte etwa die Konsistenz von flüssiger Sahne haben. Falls der Teig zu flüssig ist, Mehl zugeben, wenn er zu dickflüssig ist, Milch (oder Wasser).

Crêpes mit einem Crêpeeisen backen. Teig dazu in einen flachen Teller geben und Crêpeeisen eintauchen, Crêpe backen, bis sich der Teig an den Rändern ablöst, dann wenden und so lange weiterbacken, bis der Teig an den Auflagestellen braun ist. Fertige Crêpes auf einen flachen Teller legen. Den letzten Rest Teig können Sie auch noch backen, indem Sie ihn mit einem Löffel auskratzen und schnell auf dem Crêpeeisen glatt streichen. Diese letzten Crêpes werden dann natürlich nicht mehr so schön wie die anderen.

Für die Lachs-Quark-Füllung: Quark mit etwas Mineralwasser cremig rühren. Evtl. die frischen Kräuter hacken. Quark mit Kräutern und Salz würzen. Jeder kann sich eine Räucherlachsscheibe und Quark auf einen Crêpe legen und aufrollen.

Für die Hackfleischfüllung: Zwiebel würfeln und mit dem Hack in heißem Fett braun braten. Mit Thymian würzen. Füllung auf die Crêpes legen und aufrollen.

Eingebackenes: Braten, Würstchen und Fisch

Schwierigkeitsgrad: für Profis
Kann laktosearm und laktosefrei zubereitet werden

> **Arbeitszeit: 30–40 Minuten**
> **Gesamtzeit: 2–2½ Stunden (hinzu kommen die Garzeiten für die Füllung)**

Zutaten

Für die Füllung
evtl. 700–800 g garer Braten
(z. B. Schweinebraten, Geflügelbrust, Hackbraten)
evtl. 4 gare Lachsstücke
evtl. 4–6 Würstchen
evtl. 6–8 größere Stücke bissfester Blumenkohl oder Brokkoli
Für den Teig (in zwei Mengenangaben)
Backpapier
125 g (190 g) Mehl-Mix C von Schär
125 g (190 g) Mehl-Mix Plus von Hammermühle
1 TL (1½ TL) Trockenhefe
2 TL (3 TL) Backpulver
¼ TL (¼ TL gehäuft) Johannisbrotkernmehl
¼ TL (¼ TL gehäuft) Salz
etwas Zucker
2 (3) Eier
150–175 ml (230–260 ml) Milch
(evtl. laktosearm oder Wasser und ½ TL Öl)
20 ml (30 ml) Öl

Zubereitung

Wenn man mehrere kleine Stücke einbacken will, braucht man mehr Teig als bei einem größeren Stück. Wählen Sie deshalb entsprechend die größere Teigmenge bzw. die kleinere Menge. Bevor Sie mit der Zubereitung beginnen, müssen Sie die Füllung garen, mit Ausnahme der Würstchen. Die Arbeits- und Gesamtzeit verlängern sich entsprechend. Im Folgenden werden nur die Zubereitung des Teiges und das Backen beschrieben.

Backpapier auf ein Backblech legen. Ein weiteres Backpapier auf eine Teigmatte legen und reichlich mit Mehl bestäuben. Bezug über das Nudelholz ziehen.

Mehle mit Hefe, Backpulver, Johannisbrotkernmehl, Salz und Zucker mischen. Eier und etwa die Hälfte der Milch (oder Wasser) zugeben und gut verrühren, danach das Öl, dann nach und nach so viel Flüssigkeit erst unterrühren, dann unterkneten, bis der Teig keine Risse mehr bildet, aber nicht an den Händen kleben bleibt. Sonst etwas Flüssigkeit oder Mehl unterkneten.

Die Lachsstücke, Würstchen und die Gemüseröschen jeweils einzeln einbacken. Dafür den Teig auf dem Backpapier ausrollen. Die Füllung darauflegen. Den Teig mithilfe des Papiers um die Füllung zusammenschlagen. Dann das Papier vorsichtig abziehen. Evtl. entstandene Risse zudrücken. Das Ganze auf das Blech setzen und gehen lassen.

Wenn Ihnen diese Arbeitsweise zu schwierig erscheint, können Sie den Teig zwischen Ihren bemehlten Händen flach drücken (ähnlich wie ein Pizzabäcker), den Teig flach auf eine Hand legen, die Füllung daraufsetzen und dann den Teig nach und nach um die Füllung zudrücken. Wenn der Teig schlecht geht, bei 60 °C im Backofen gehen lassen.

Auf unterster Schiene im Backofen bei 180–190 °C, Umluft bei 160–170 °C für 20–40 Minuten je nach Größe backen, bis der Teig anfängt, braun zu werden. Noch 5–10 Minuten im ausgeschalteten Ofen stehen lassen. Während des Backens eine große Form mit Wasser in den Ofen stellen. Sie können das Eingebackene warm oder kalt servieren.

TIPPS UND HINWEISE

Benutzen Sie zum Schneiden des Eingebackenen ein scharfes Sägemesser und schneiden Sie mit möglichst wenig Druck. Dann erhalten Sie schöne Scheiben.

Warme Gemüsepastete

Schwierigkeitsgrad: für Fortgeschrittene
Kann laktosearm zubereitet werden

> **Arbeitszeit: ca. 1 Stunde**
> **Gesamtzeit: 2¼–2½ Stunden**

Zutaten (für Kastenform, 28,5 cm lang)

Für den Teig

150 g Butter oder Margarine (evtl. ohne Milchanteil)

¼ TL Salz

2 Eier

125 g Mehl-Mix C von Schär

125 g Mehl-Mix Plus von Hammermühle

1 TL Backpulver

1 TL gemahlene Flohsamen

Öl, Butter oder Margarine zum Einfetten der Form

Backpapier

Für die Füllung

250 g Brokkoli (frisch oder aufgetaut)

1 Zwiebel

150 g gekochter Schinken

250 g Gouda (evtl. laktosearm)

Für den Guss

200 g saure Sahne (evtl. laktosearm)

2 Eier

etwas Salz

etwas gemahlener Pfeffer

etwas geriebener Muskat

Zubereitung

Butter oder Margarine mit dem Salz und den Eiern möglichst gut verrühren.

Mehle mit Backpulver und Flohsamen mischen und zur anderen Mischung geben. So lange rühren, bis keine Mehl- oder Fettklümpchen mehr erkennbar sind. Den Teig für ca. 1 Stunde in einem gut verschlossenen Plastikgefäß in den Kühlschrank stellen. Währenddessen die Füllung und den Guss vorbereiten.

Frischen Brokkoli waschen. Den Brokkoli in kleine Röschen zerteilen und mit ein wenig Wasser in einer Pfanne mit gut schließendem Deckel für 10–15 Minuten garen. Dabei ab und zu rühren und evtl. Wasser nachfüllen.

Die Zwiebel, den gekochten Schinken und Gouda in kleine Stücke schneiden. In einer kleinen Schüssel den Guss aus saurer Sahne, Eiern und Gewürzen zubereiten.

Die Form fetten, damit das Backpapier darin klebt. Ein Backpapier so zuschneiden, dass es so breit wie die Form lang ist. Das Papier soll die Form komplett auskleiden und so lang sein, dass man es außen an den Seiten der Form entlang nach unten umschlagen und unter die Form schieben kann. Sonst kann sich das Papier beim Backen von der Form lösen, nach innen rutschen und die Pastete bekommt eine hässliche Beule. Den Backofen vorheizen.

Den Teig aus dem Kühlschrank holen. Er soll sich feucht und klebrig anfühlen, aber nicht an den Händen kleben. Ist der Teig zu trocken, etwas Milch (oder Wasser) unterkneten, ist er zu klebrig, etwas Mehl. Den Teig gleichmäßig auf dem Boden und an den Seiten der Form verteilen. Den Teig auf unterster Schiene im vorgeheizten Backofen bei 170–180 °C, Umluft bei 150–160 °C für 10–15 Minuten backen.

Die Form aus dem Ofen nehmen, die Füllung hineinfüllen und den Guss darübergießen. 30–45 Minuten weiterbacken, bis der Guss und Teig braun werden. Evtl. noch 5 Minuten im ausgeschalteten Ofen stehen lassen. In der Form servieren.

TIPPS UND HINWEISE

Sie können die Gemüsepastete auch mit Champions, grünen Bohnen und Mais zubereiten. Wenn Sie eine Flexiform benutzen, schieben Sie zum Servieren ein passendes Brettchen unter die Form, damit der Pastetenteig nicht bricht. Sie können die Form auch, nachdem Sie sie mit Backpapier ausgelegt haben, mit Alufolie umwickeln. Dann sieht sie beim Servieren netter aus.

ANHANG

Wichtige Adressen

Hier erhalten Sie alle Informationen zum Thema Zöliakie:

Deutsche Zöliakie Gesellschaft e. V.
Kupferstraße 36
70565 Stuttgart
Tel.: 0711 459981-0
E-Mail: info@dzg-online.de
www.dzg-online.de

Hier erhalten Sie Informationen zu den Themen gesunde Ernährung und Lebensmittelkennzeichnung:

aid infodienst Verbraucherschutz, Ernährung, Landwirtschaft e. V.
Heilsbachstraße 16
53123 Bonn
Tel.: 0228 8499-0
E-Mail: aid@aid.de
www.aid.de

Hier erhalten Sie Informationen zum Thema Zöliakie aus Sicht eines Herstellers glutenfreier Lebensmittel:

Dr. Schär GmbH
Winkelau 9
39014 Burgstall (BZ), Italien
Tel.: 0800 1813537
E-Mail: info@schaer.com
www.schaer.com

Bezugsquellen für glutenfreie Lebensmittel

allergico.net
Demleitnerstraße 23
81371 München
Tel.: 089 12039663
E-Mail: info@allergico.net
www.allergico-shop.de

Glutenfrei-Express.de
Am Weinberg 7
91567 Herrieden
Tel.: 09825 4763
E-Mail: info@glutenfrei-express.de
www.glutenfrei-express.de

Glutenfrei-supermarkt.de
emtrada GmbH
Hermann-Köhl-Straße 4
86899 Landsberg
Tel.: 08192 72999-50
E-Mail: info@glutenfrei-supermarkt.de
www.glutenfrei-supermarkt.de

Hammermühle GmbH
Hauptstraße 181
67489 Kirrweiler
Tel.: 06321 95890
E-Mail: post@hammermuehle.de
www.hammermuehle.de

Hanneforth food for you GmbH
Kampstraße 1
32805 Horn-Bad Meinberg
Tel.: 05234 203968
E-Mail: info@hanneforth.de
www.hanneforth.de

Wangenmühle GmbH
Stäffelwiesen 28/30
89522 Mergelstetten
Tel.: 07321 51018
E-Mail: info@wangenmuehle.de
www.wangenmuehle.de

Querfood glutenfrei leben
Werner-von-Braun-Straße 5
85640 Putzbrunn
Tel.: 089 61180688
E-Mail: info@querfood.de
www.querfood.de

Seitz GmbH
Eschenwasen 7
78549 Spaichingen
Tel.: 07424 982399-0
E-Mail: info@seitz-food.com
www.seitz-food.com

Dr. Peter Treue-Beims & Dr. Sandra Beims
senzo glutenfrei
Kämpenstraße 2
24106 Kiel
Tel.: 0431 2401188
E-Mail: post@senzo.de
www.senzo-shop.de

Sie können glutenfreie Lebensmittel außerdem beziehen in:
- Diätabteilungen vieler Supermärkte
- Reformhäusern
- Diätabteilungen einiger Drogeriemärkte

Rezeptregister

	Seite	🍴	☺	👨‍🍳	🧺
Eintöpfe und Aufläufe					
Erbsensuppe	35	o			
Grünkohlauflauf	38	o			
Hirseeintopf	36	o			
Italienischer Gemüseeintopf	39	o			
Kartoffeleintopf	33	o			
Kartoffel- und Gemüsegratin	34	o			
Nudelauflauf	42	o	o		
Provenzalische Gemüsesuppe	40	o			
Spargel-Krabben-Auflauf	44			o	
Internationale und regionale Küche					
Cannelloni	53		o	o	
Chinesischer Tofueintopf	47			o	
Döner	57		o	o	
Flammkuchen	51			o	o
Geschnetzeltes auf asiatische Art	46			o	
Herzhafte und süße Pfannkuchen	60	o	o		
Lasagne	52		o	o	
Maultaschen	58		o	o	
Moussaka	56			o	
Pizza	54	o	o		
Quiche Lorraine	50			o	o
Sushi	48			o	

	Seite	🍴	☺	👨‍🍳	🧺
Gemüse als Beilage und Hauptgericht					
Gedämpftes Gemüse	64	o			
Gefüllte Paprika	65	o			
Gefüllte Tomaten	66			o	
Gemüseauflauf in Pergamentschiffchen	68			o	
Gemüse-Pie	70			o	
Sauerkrautgemüse	66	o			
Tofu-Gemüse-Pfanne	69	o			
Fleisch- und Geflügelgerichte					
Cordon bleu	76		o		
Ente orientalisch	87		o		
Fleischklöße in Soße	79	o	o		
Fleischspieße	75		o		o
Gebackenes Knusperhähnchen	81		o		
Gefüllte Ente	86		o		
Gulasch	78	o			
Hackbällchen	80		o		o
Hackbraten mit Kruste	80	o			
Hackfleischkranz	78				o
Hähnchengeschnetzeltes	82	o			
Mariniertes Grillfleisch	74	o			o
Panierte Minischnitzel	74		o		o
Putenbruststreifen mit Gemüse	83	o			
Zitronenhähnchen	84			o	

Fischgerichte

	Seite	🍴	🙂	👨‍🍳	🧺
Bratfisch	89	o			
Fisch im Kartoffelbett	92			o	
Fischauflauf	95	o			
Gedämpfter Fisch	89	o			
Gegrillte Makrelen	90		o		
Lachs-Spinatlasagne	94		o		
Überraschungslachs	90		o		

Beilagen

	Seite	🍴	🙂	👨‍🍳	🧺
Dämpfkartoffeln	97	o			
Gefüllte Kartoffeln	98			o	
Hirse auf südamerikanische Art	101			o	
Kartoffelklöße	100			o	
Kartoffelpüree	101	o	o		
Reisvariationen	102	o			
Röstkartoffeln	97	o	o		
Schupfnudeln	105		o	o	
Spätzle	104		o	o	

Soßen und Dips

	Seite	🍴	🙂	👨‍🍳	🧺
Bolognese-Soße	114	o	o		
Einfache Sahnesoße/Lachs- und Schinkensahnesoße	110	o	o		
Frischkäsesoße für Pasta	109	o			
Gebundene Soßen	108	o			
Gemüsesoße/Pilzsoße für Pasta	113	o	o		
Käsesoße/Gorgonzolasoße	112	o			
Quark-Dips	116	o			o
Tomatencreme-Dips	117	o			o
Ungebundene Soßen	107	o			
Weiße Soße für die schlanke Linie	111	o			
Zaziki	115	o			

Salate

	Seite	🍴	🙂	👨‍🍳	🧺
Blumenkohl-Kartoffelsalat	123			o	o
Brokkolisalat	122			o	o
Fleischsalat	128		o	o	o
Herbstsalat	131			o	o
Heringssalat	125			o	o
Kartoffelsalat	124	o			o
Krabbensalat	126				o
Leichter Sommersalat	120	o			
Maissalat	119	o	o		o
Nudelsalat	129	o	o		
Reissalat	130			o	o

Desserts

	Seite	🍴	🙂	👨‍🍳	🧺
Apple Pie	140		o		
Fruchteis	134	o			
Gefüllte Crêpes	139		o	o	
Milcheis	135		o		
Mousse au Chocolat	136			o	
Packa	141			o	
Rote Grütze	133			o	
Tiramisu	138			o	

Seite	🍴	☺	👨‍🍳	🧺
Kuchen und Kleingebäck				
Apfelkuchen vom Blech	166	o			o
Apfeltaschen	168			o	o
Baumkuchenecken	156			o	o
Bienenstich/ Trockener Blechkuchen	170			o	o
Biskuitboden	176	o			
Biskuitrolle	178			o	
Cremeschnitten/ Fruchtschnitten	158			o	
Dunkle Kirschschnitten	182			o	

Seite	🍴	☺	👨‍🍳	🧺
Fruchtige Joghurttorte	180			o	
Fruchtschnittchen	190		o	o	
Gedeckter Obstkuchen	153	o			
Gefüllte Plätzchen	192		o	o	
Käsekuchen	164			o	
Kleine Windbeutel	186			o	
Königsberger Marzipan	197			o	
Löffelbiskuit/ Biskuitkekse	193	o	o		
Madeleines	184		o		o

	Seite	🍴	☺	🍞	🧺
Mamorkuchen	150	o	o		o
Mürbeteigboden	162	o			
Mürbeteigplätzchen	188	o	o		o
Nusskuchen	155	o	o		
Nürnberger Lebkuchen	196			o	
Osterlamm	152		o	o	o
Pfefferkuchen	195		o	o	
Pflaumenkuchen	169	o			o
Pudding-/Quark-teilchen	174			o	o
Quark-Sahnetorte	160			o	
Rührkuchen/Muffins	148	o	o		o
Rührteigboden	147	o			
Russischbrot	194		o	o	
Schnecken	172			o	o
Schokoladen-hörnchen	189	o	o		
Spritzgebäck	185		o	o	
Stollen	175			o	
Träubletorte	154			o	
Vanillekipferl	187	o	o		
Waffeln	157	o	o		
Brötchen und Brote					
Baguette	212			o	
Brot in einer Form gebacken	210	o			
Brot ohne Form gebacken	208	o			

	Seite	🍴	☺	🍞	🧺
Dekoratives Partybrot	216		o	o	o
Fladenbrot	213			o	
Frühstücksbrötchen	201	o			
Hefezopf	214		o	o	
Helle Brötchen	202	o			
Hörnchen	203		o	o	
Kartoffelbrot	211	o			
Laugengebäck	206		o	o	
Partybrötchen	204		o	o	o
Weißbrot	215	o	o		
Wenn Gäste kommen					
Eingebackenes: Braten, Würstchen und Fisch	228			o	o
Gefüllte Quarkpastete	220			o	
Herzhaft gefüllte Crêpes	227			o	
Herzhafte Mürbeplätzchen	221			o	o
Herzhafte Schnecken	222			o	o
Herzhafte Teigtaschen	224			o	o
Herzhafte Waffeln	226		o		
Partyspießchen	218			o	
Warme Gemüsepastete	230			o	
Zwiebelkuchen	225			o	o

Zutatenregister

Haben Sie etwa noch Lachs in der Tiefkühltruhe oder Paprikaschoten im Kühlschrank? Und wissen Sie nicht, welche Gerichte Sie damit lecker zubereiten können? Dann schauen Sie einfach unter den entsprechenden Stichwörtern im folgenden Zutatenregister nach und finden die Seiten, auf denen unser Kochbuch passende Rezepte für Sie bereithält!

Viel Spaß und guten Appetit!

Äpfel 60, 124, 125, 131, 140, 153, 166, 168, 169
Aprikosen 139, 148, 160, 172, 180

Blattspinat 53, 54, 58, 65, 66, 69, 94, 98, 111
Blaubeeren 134, 139, 148, 164
Blumenkohl 42, 64, 68, 69, 95, 123, 228
Bohnen 36, 42, 47, 64, 66, 68, 70, 83
Brokkoli 39, 42, 66, 68, 69, 70, 83, 95, 102, 111, 113, 122, 130, 218, 226, 228, 230

Ente 86, 87

Fischfilet 48, 54, 89, 90, 92, 94, 95, 120, 228

Gurke 48, 57, 115, 116, 117, 120, 129, 130, 222
Grünkohl 38

Hackfleisch 36, 78, 80, 218
Hähnchen/Hähnchenfleisch 46, 75, 81, 82, 84
Himbeeren 133, 158, 160, 164
Hirse 36, 68, 101

Johannisbeeren, rote 148, 154, 180

Kartoffeln 33, 34, 35, 38, 56, 92, 97, 98, 100, 101, 105, 123, 124, 125
Kirschen 60, 133, 139, 153, 158, 178, 182

Lachs 48, 54, 89, 90, 94, 95, 110, 220, 221, 222, 226, 227, 228

Mais 36, 42, 54, 68, 70, 102, 113, 119, 120, 131, 222, 224
Mandarinen 122, 131, 164, 218
Möhren 48, 64, 66, 69, 70, 95, 130

Nudeln 40, 42, 129
Nüsse 155, 185, 187, 195

Paprikaschoten 33, 65, 68, 75, 218, 224
Pflaumen 169
Putenfleisch 57, 75, 83

Quark 51, 53, 98, 111, 115, 116, 138,
    139, 141, 160, 164, 166, 168, 172,
    174, 178, 182, 220, 224, 227

Reis 39, 47, 48, 65, 102, 130, 131
Rosinen 148, 153, 172, 175

Sahne
–, saure 50, 51, 54, 70, 108, 124, 125,
    126, 128, 164, 180, 230
–, süße 108, 110, 134, 135, 158, 160, 225
Sauerkraut 66
Schinken
–, gekocht 38, 42, 54, 60, 76, 110, 111,
    113, 119, 120, 122, 123, 129, 218,
    221, 222, 226, 230
–, geräuchert 35, 50, 51, 54, 60, 92, 221,
    222, 225, 226
Schokolade 135, 136, 148, 150, 158, 182,
    188, 189
Schweinefleisch 46, 74, 75, 76, 78
Spargel 44, 218

Thunfisch 48, 54, 120
Tofu 47, 48, 68, 69
Tomaten 39, 40, 42, 52, 54, 56, 57, 66,
    78, 83, 102, 107, 114, 116, 117, 119,
    120, 129, 218, 222, 224

Zucchini 52, 54, 56

Bibliografische Information der Deutschen Nationalbibliothek
Die Deutsche Nationalbibliothek verzeichnet diese Publikation in der
deutschen Nationalbibliografie; detaillierte bibliografische Daten sind im
Internet über http://dnb.ddb.de/ abrufbar.

ISBN 978-3-89993-592-9

Fotos:
Umschlag: Titelfoto: Pawel Strykowski – iStockphoto.com;
hintere Umschlagklappe (innen): Ingo Wandmacher;
vordere Umschlagklappe (innen): Louis Hiemstra – iStockphoto.com
123RF.com: Elena Schweitzer: 6/7; Tracy Hebden: 40; iofoto: 131; tobi: 177;
Svetlana Kolpakova: 180; Antonio Munoz Palomares: 229
Fotolia.com: Jiri Hera: 1; Viktorija: 2/3; Natalia Sevriukova: 4; Brebca: 11;
Olga Lyubkin: 17; MartiniDry: 19; Sergej Razvodovskij: 22; Pippa West: 36;
Andrzej Bardyszewski: 43; Nicolasjoseschirado: 45; Mélissa Bradette: 49;
pizza altamira: 55; Tilo: 59, 169; Carmen Steiner: 63, 165; Comugnero Silvana: 64;
Paweł Burgiel: 65; JJAVA: 69, 130; Dalmatin.o: 75; Barbara Pheby: 79, 110, 133, 191;
Elena Elisseeva: 81; Boris Ryzhkov: 82; Abcmedia: 84; Multiart: 86;
HLPhoto: 87 (unten); Lasse Kristensen: 92; Monkey Business: 94, 215;
Mark Fairey: 102; Thomas Francois: 104; UK: 105; Ewa Brozek: 111; sil007: 114;
Arthur Braunstein: 123; Yvonne Bogdanski: 129; Elenathewise: 147; Knipsit: 159;
Paul Binet: 163; Simke: 166; Paul Cowan: 171; Cogipix: 173; Sarie: 176;
Heike Rau: 179; Hannes Eichinger: 181; Liv Friis-larsen: 183; guy: 184;
HLPhoto: 185; Doris Heinrichs: 194; Mikko Pitkänen: 203; Daorson: 207;
Comugnero Silvana 211; victoria p.: 223; Fatman73: 240
iStockphoto.com: loftystyle: 14; Elena Elisseeva: 30/31; Robert Anthony: 39;
Lehner: 47; Kivoart: 83; Piotr Rzeszutek: 87 (oben); David Smith: 88; Doug Berry: 95;
Maria Toutoudaki: 98; Gustavo Andrade: 107; Eva Gruendemann: 115;
Ed O'Neil: 119; Svetlana Kolpakova: 132; FotografiaBasica: 189
MEV: 21, 35, 136
Ingo Wandmacher: 33, 37, 41, 46, 61, 67, 71, 77, 85, 91, 93, 99, 103, 121, 127, 137,
149, 151, 157, 167, 186, 193, 202, 205, 209, 212, 219, 231, 236, 239

© 2011 Schlütersche Verlagsgesellschaft mbH & Co. KG
Hans-Böckler-Allee 7, 30173 Hannover
www.schluetersche.de

Lektorat: Dagmar Fernholz, Köln
Layout: Groothuis, Lohfert, Consorten, Hamburg
Covergestaltung: Kerker + Baum Büro für Gestaltung, Hannover
Satz: Die Feder Konzeption vor dem Druck GmbH, Wetzlar
Druck und Bindung: Grafisches Centrum Cuno GmbH & Co. KG, Calbe
Hergestellt in Deutschland.